폭염의 시대

십대들을 위한 기후변화의 사회학

폭염의 시대

발행일	2019년 8월 8일 초판 1쇄 발행
	2020년 6월 19일 초판 2쇄 발행
지은이	주수원
발행인	방득일
편 집	신윤철, 박현주, 정미정, 문지영
디자인	강수경
마케팅	김지훈

발행처	맘에드림
주 소	서울시 도봉구 노해로 379 대성빌딩 902호
전 화	02-2269-0425
팩 스	02-2269-0426
e-mail	momdreampub@naver.com

ISBN 979-11-89404-23-9 44330
ISBN 979-11-89404-03-1 44080(세트)

십 대 들 을 위 한 기 후 변 화 의 사 회 학

폭염의 시대

주수원 지음

맘에드림

You don't live in a world all alone. Your brothers are here too.
당신은 이 세상에서 혼자 사는 것이 아닙니다. 당신의 형제들도 있습니다.

– 알버트 슈바이처

폭염 시대를 살아가는
우리에게 필요한 것은 작은 관심

여름이면 "덥다, 더워!"라는 말을 연신 되뇌며, 습관적으로 시원한 음료수와 에어컨을 찾게 됩니다. 여름이니까 더운 것이 당연하다 싶을 수도 있겠지만, 몇 년 전부터 과거와는 사뭇 다른 무더위가 우리를 찾아오고 있죠. 그렇습니다. 우리 모두는 기후변화로 인한 폭염의 시대를 살아가고 있는 것입니다.

기후변화는 매우 빠르게 진행되고 있습니다. 예컨대 한때 우리나라에서 대구는 사과의 주산지로 유명했지만, 점차 뜨거워진 날씨 탓에 더 이상 사과를 키우기가 힘들어졌고, 강원도 산간 지역으로 재배 지역이 바뀌었을 정도입니다. 우리나라의 최근 30년 (1988~2017년)간 연평균기온은 20세기 초(1912~1941년)에 비해 1.4도가 높아졌다고 합니다. 이러한 이상기온 현상은 비단 우리나라의 일만은 아닙니다. 지난 200년간의 무분별한 산업화로 인해 지구의 평균온도는 1도 상승했다고 하죠. 혹시 지금 '겨우 1도?'라고 생각하고 있나요? 단 1도의 상승이 얼마나 무서우냐 하면, 2003년 유럽에 극심한 폭염이 닥쳐서 최대 7만 명이 숨졌는데, 이때 유럽 대륙 전체의 평균기온은 평년에 비해 2.3도 높은 정도였다고 합니다. 만약 지구 온도가 6도 상승하면 인간뿐만 아니라 지구 생물종의 대부분이 죽는 대멸종이 일어난다고 하고요.

이 책에서는 폭염의 무서움부터 폭염이 사회 전반을 바꿔 나가는 모습을 정리해 보았습니다. 선호하는 주거 환경이 바뀌고 의식주가 달라지는 모습 등 여러분 주변에서 실제로 일어나고 있는 일들을 바탕으로 폭염이 우리의 생활 전반에 미치는 영향들을 생생하게 적어 보려고 노력했습니다. 그 가운데 폭염 대책에서 소외된 이웃들의 모습도 함께 조명해 보았습니다. 폭염은 누군가에게는 상대적 박탈감을 또 누군가에게는 생명의 위협마저 초래하는 만큼 어떤 면에서는 한파보다 더 차갑고 냉혹합니다. 몇 가지 사례들을 살펴보면서 왜 폭염이 사회문제인지에 관해서 여러분과 함께 생각해 보고 싶었습니다.

폭염을 주제로 책을 쓰면서 많은 자료들을 읽고 정리하다 보니 '아, 내가 정말로 기후변화와 지구에 대해 잘 몰랐구나…'라는 생각을 거듭하게 되었습니다. 내 집에 빗물이 샌다면 당장 고칠 방법을 찾을 텐데, 나와 내 이웃이 함께 살아가는 지구의 변화에 대해서는 그동안 너무 무심했던 거죠. 어쩌면, '나 혼자 노력한다고 뭐가 달라지겠어?'라는 심정으로 모른 척 하고 싶었던 것인지도 모릅니다. 또 지구 문제는 굳이 내가 아니라도 누군가는 알아서 해주겠지 하는 마음도 있었죠. 미국의 유명한 심리학자 윌리엄 제임스는 "생각이 바뀌면 행동이 바뀌고 행동이 바뀌면 습관이 바뀌고 습관이 바뀌면 인격이 바뀌고 인격이 바뀌면 운명까지도 바뀐다."고 했습니다. 지구에서 함께 살아가는 우리 모두의 생각이 바뀐다면 지금의 위기도 얼마든지 슬기롭게 극복할 수 있지 않을까요?

그렇다고 이 책을 너무 무겁게 받아들이지는 않았으면 좋겠습니다. 책을 읽는 여러분보다 제가 더 환경 감수성이 뛰어나거나 환경을 위해 많은 노력을 하고 있지는 않다고 생각합니다. 그렇기에 뭔가 정답을 제시하거나 어떤 특정한 행동을 하자고 외치려는 것은 아닙니다. 단순히 '이번 여름은 왜 이렇게 덥지?'에서 한 걸음만 더 나아가서 문제 해결에 관심을 기울이고, 생각을 조금씩 바꿔 나가 보면 어떨까 제안하는 책이랍니다. 변화는 우리 모두의 작은 관심에서 시작될 테니까요. 따라서 순서대로 읽어도 좋고 관심이 더 가는 소제목을 찾아서 읽어도 좋습니다. 미래는 여러분들의 것입니다. 관심을 갖고 우리 함께 미래를 바꿔 나가 봅시다! 끝으로 기후변화에 대한 많은 자료와 아이디어를 주신 녹색전환연구소 이유진 연구원께 감사드립니다.

2019년 여름

주수원

목 차

CHAPTER 02
"에어컨 밖은 위험해!" 폭염이 바꾼 라이프 스타일

CHAPTER 03
"나는 여름이 두려워요…" 폭염 때문에 더욱 슬픈 사람들

CHAPTER 04
"우리 함께 고민해 봐요!" 기후변화를 대하는 우리들의 자세

여러분도 몸서리치게 느끼겠지만, 대한민국의 여름은 이제 웬만한 더운 나라는 명함도 못 내밀 만큼 뜨겁습니다. 특히 2018년 여름은 유별날 만큼 인상적이었죠. 연일 우리의 체온에 맞먹는 고온으로 치솟으며, 밤에도 열기가 채 식지 않은 어마어마한 무더위가 기승을 부렸으니까요. 사실 우리나라는 4계절이 뚜렷한 기후 특성을 보여 왔지만, 어느새 봄과 가을은 거의 사라지고 몸서리치게 더운 긴 여름과 또 그만큼 몸서리치게 춥고 길고 긴 겨울로 양분되고 있는 양상입니다. 이에 이 장에서는 우선 우리나라의 기후변화 실태와 함께 우리가 왜 여기에 관심을 기울여야 하는지에 관해서 살펴보려고 합니다.

CHAPTER 01

"앗, 뜨거워!"

폭염에
이글거리는 한반도

봄·여름·가을·겨울 뚜렷한 사계절은 이제 옛말

옛날부터 우리나라 기후의 특징이나 장점을 설명할 때면 교과서에 빠지지 않고 꼭 등장하는 문구가 있었습니다. 바로 '봄, 여름, 가을, 겨울이 뚜렷하게 나뉘어 있다'입니다. 하지만 여러분도 매년 체감하겠지만, 이제 4계절이 뚜렷한 기후 특성은 우리나라에서 점차 옛말이 되어 가고 있습니다.

요즘 우리나라의 여름은 웬만한 아열대기후 못지않은 살인적인 무더위가 맹위를 떨치고, 반대로 겨울은 시베리아 못지않은 살벌한 추위가 몰려오곤 합니다. 상대적으로 봄과 가을은 점점 짧아져서 여름과 겨울에 흡수되어 가는 느낌이죠. 봄옷이나 가을옷을 꺼내기가 무섭게 금세 계절이 바뀌어 버리는 것 같으니까요. 그래서인지 요즘 우리나라의 사계절은 봄, 여름, 가을, 겨울이 아니라 안 더운 여름, 엄청 더운 여름, 안 추운 겨울, 엄청나게 추운 겨울의 사계절이 아닌가 하는 생각마저 들게 합니다.

사과의 주산지가 바뀌고 있다!

우리나라의 기후변화를 좀 더 뚜렷하게 보여주는 예를 하나 들어볼까 합니다. 여러분은 '사과' 하면 어느 곳이 주산지로 떠오르나요? 여러분의 부모님 세대만 하더라도 대부분 '사과' 하면 대구를 떠올리실 거예요.

실제로 1960년대 초, 대구의 사과 재배 면적은 9천523헥타르로 전국 재배 면적(1만1천467헥타르)의 무려 83퍼센트에 달했다고 하는군요. 대구는 지리적으로 볼 때 남쪽과 북쪽으로는 높이 300미터 이상의 높은 산지로 둘러싸이고, 서쪽과 동쪽으로는 높이 150미터 내외의 구릉지로 둘러싸인 평지입니다. 전통적으로 일조량이 풍부하고 비가 적게 내려서 사과를 키우기에 적합했죠. 무엇보다 대구에서 재배된 사과는 과즙이 풍부하고 당도가 높아서 오랫동안 큰 사랑을 받았습니다.

하지만 이제는 사정이 좀 달라졌습니다. 기후변화로 인해 사과 재배 지역은 점점 더 북쪽으로 올라오고 있으니까요. 사과를 재배하기에 적합한 온도는 섭씨 10~20도로 비교적 서늘한 곳에서 잘 자라는 과실수입니다. 그리고 겨울에는 58일 이상 평균기온 7도 이하에 노출돼야 이듬해 꽃을 피울 수 있죠. 그런데 한반도 전체의 온도가 뜨겁게 상승하면서 대구 지역에서는 더 이상 사과를 키우기가 어려워졌습니다. 반대로 기존에는 온도가 너무 낮아서 사과를 키우기 힘들었던 강원도 산간 지역이 사과 재배에 적합한 곳으로 바뀌어 가고 있죠. 그래서 현재 강원도 평창, 영월, 횡성 등에 사과 농가가 계속 늘어나고 있는 상황입니다. 앞으로 우리나라가 통일되지 않는 한 사과 주산지로 남을 만한 곳은 강원도가 유일하다는 얘기도 벌써부터 들려오고 있습니다.

무서운 기세로 상승하고 있는 한반도의 평균기온

기후변화의 실태를 이해하는 데 혹시 도움이 될까 해서 사과 주산지의 변화를 사례로 들기는 했지만, 문제는 사과가 아닙니다. 한반도에서 일어나고 있는 기후변화는 심상치 않습니다. 실제로 한반도의 온도는 대체 얼마나 상승한 걸까요? 국립기상과학원이 2018년에 펴낸 〈한반도 100년의 기후변화〉에 따르면 최근 30년

(1988~2017)간 연평균기온은 20세기 초(1912~1941)보다 1.4도가 높아졌다고 합니다.

그러면 기후변화는 어떻게 진행되고 있을까요? 기상청의 2018년 〈한반도 기후변화 전망분석서〉에서 여러 시나리오를 가정했는데, 모두 현재의 온난화 경향이 지속되며 한반도의 연평균기온은 전 지구 및 동아시아 연평균기온에 비해 상승폭이 더 클 것이라고 전망했죠. 이 중 한 시나리오는 21세기 전반기(2021~2040년)에 섭씨 1.3도, 중반기(2041~2070년)에 섭씨 2.8도, 후반기(2071~2100년)에는 섭씨 4.7도 상승을 예측하기도 했습니다.

2071~2100년이라니 너무 까마득한 훗날 이야기라고 생각하겠죠? 하지만 여러분이 60~90세 쯤 실제로 겪게 될 일입니다. 어쩌면 그때가 되면 요즘 여름 더위는 그나마 견딜 만했다고 추억할지도 모르죠.

잠깐만

여러분은 대부분 그동안 기후변화에 별 관심을 갖지 않았을지도 모릅니다. 사실 사과의 주산지가 변했다고 여러분이 사과를 먹지 못하게 된 건 아니었을 테니까요. 하지만 기후변화는 결코 예사롭게 받아들일 문제가 아닙니다. 어쩌면 우리의 미래 세대는 아예 사과를 구경조차 하기 어려워질 수도 있습니다. 더욱 심각한 문제는 어쩌면 이 지구는 더 이상 인류가 살아갈 수 없는 삭막한 곳이 될지도 모른다는 점입니다. 우리가 기후변화에 지금 당장 관심을 기울여야 하는 이유입니다.

이솝우화 속 온화한 해님은 잊어라

여러분도 어린 시절에 《해님과 바람》이라는 이솝우화를 읽어 보 았을 것입니다. 해님과 바람은 나그네의 외투를 벗기는 내기를 벌 이게 됩니다. 바람은 나그네의 옷을 날려 버리겠노라 장담하며 차 갑고 강력한 바람을 휘몰아치게 했지만, 그럴수록 나그네는 옷깃 을 꼭꼭 여민 채 꿋꿋하게 걸어갔습니다. 하지만 해님은 나그네에 게 따사로운 햇살을 내리쬐며 나그네 스스로 외투를 벗게 하면서 결국 내기에서 이기게 되죠.

이 이야기는 힘만 앞세워서 남을 굴복시키려고 하지 말고 부드

럽고 따뜻한 마음씨를 가지고 대하는 것이 좋다는 교훈을 안겨줍니다. 아울러 해님은 부드럽고 온화한 존재를 상징했죠. 아주 오랫동안 해님의 이미지는 그와 같았습니다. 최소한 우리가 엄청난 폭염을 경험하기 전까지는 말이죠. 만약 폭염 속에서 옷을 벗고 있다면 얼마 지나지 않아서 살이 새빨갛게 화상을 입고 말 것입니다. 적어도 폭염 시대를 살아가는 우리가 한여름에 만나는 해님은 온화하기보다는 사납고 맹렬하기가 이솝우화의 바람 못지않습니다. 마치 악당처럼 우리 사회를 몽땅 불태워 버릴 기세로 무시무시한 열기를 발산하고 있으니까요.

폭염에서 국민들을 지켜라!

폭염이란 비정상적인 고온 현상이 짧게는 수일에서 길게는 수십 일간 지속되는 자연 현상을 말합니다. 워낙 비정상적으로 기온이 치솟다 보니, 여름 더위라고 만만하게 보았다가는 큰 봉변을 당하기 십상이죠. 이에 각 나라에서는 국민들이 폭염으로 인한 피해를 입지 않도록 위험성을 알리는 방안을 마련하고 있습니다. 국민들에게 폭염에 대한 위험성을 알리는 기준은 국가별로 조금씩 차이가 있는데, 미국과 영국, 일본 등 여러 나라에서 국민들에게 경각심을 일깨워 주는 '폭염특보'를 운영하고 있죠.

우리나라의 경우에도 2008년 6월부터 '폭염특보제'를 시행하고 있습니다. 이는 여름철 무더위로부터 국민의 건강을 보호하고, 각종 야외 활동과 산업 현장 등을 지원하기 위함입니다.[1] 폭염특보는 폭염주의보와 폭염경보로 나눠집니다. 먼저 폭염주의보는 하루 최고기온이 섭씨 33도 이상인 날이 이틀 이상 지속될 것으로 예측될 때 발령하고 있습니다. 만약 이보다 훨씬 더 폭염이 심해져서 섭씨 35도 이상 지속될 것으로 예측되면 그때는 폭염경보를 발령하게 되는 거죠.

지난 40년의 더위를 무색케 한 2018년 여름

특히나 2018년에는 폭염의 위세가 실로 대단했습니다. 앞서 얘기한 하루 최고기온 33도 이상의 폭염일수로 얼마나 대단한 더위였는지 한번 살펴볼까요? 2018년 여름의 폭염일수는 무려 31.4일이었습니다. 그런데 이렇게만 설명하니까 어쩐지 잘 와 닿지 않는 것 같군요. 그래서 다른 해 여름의 폭염일수와 한번 비교해 보려고 합니다.

기상청에서 제공하는 기상 자료를 볼 수 있는 기상자료포털

....
1. 기상청, 2008년 5월 30일 보도자료 참조

역대 폭염일수(1973~2018년)

연도	연합계	연도	연합계
1973	16.2	1996	16.8
1974	5.4	1997	12.8
1975	10	1998	2.6
1976	3.4	1999	5.6
1977	10.9	2000	12.4
1978	17	2001	12.7
1979	5.9	2002	5.9
1980	0.8	2003	1.6
1981	9.3	2004	16
1982	8.8	2005	10.6
1983	11.3	2006	14.4
1984	13.4	2007	9.8
1985	15.2	2008	12.5
1986	5.7	2009	4.2
1987	2.1	2010	13.9
1988	10.7	2011	7.5
1989	4.7	2012	15
1990	17.2	2013	18.5
1991	3.8	2014	7.4
1992	6.7	2015	10.1
1993	0.1	2016	22.4
1994	31.1	2017	14.4
1995	11.8	2018	31.5
평균			10.1

※자료: 기상자료개방포털(data.kma.go.kr)

각 지역별 기상 관측 시작 이래 일 최고기온(단위 ℃)

관측 지점	관측 개시일	1위		2위		3위	
홍천	1971.9.27	41.0	2018.8.1	39.2	2018.8.2	39.0	2018.8.3
서울	1907.10.1	39.6	2018.8.1	38.4	1994.7.24	38.3	2018.7.31
춘천	1966.1.1	39.5	2018.8.1	38.5	2018.8.3	38.4	2018.8.2
수원	1964.1.1	39.3	2018.8.1	39.2	2018.8.15	38.1	2018.8.2
대전	1969.1.1	39.4	2018.8.15	38.9	2018.8.1	38.7	2018.8.22

※자료: 관계부처합동, "2018년 이상기후보고서", 2019

(data.kma.go.kr)에서 폭염일수에 관한 자료를 보면, 1973년부터 2017년까지 폭염일수는 고작 평균 10.1일이었습니다. 그러니까 2018년은 45년간의 평균에 비해 3배가 넘는 수치를 기록한 거죠. 2018년 여름의 폭염과 대적할 만한 여름은 40년이 넘는 관측 기간 동안 1994년의 31.1일이 유일합니다.

2018년 더위가 얼마나 어마어마했는지를 보여주는 또 하나의 수치가 있습니다. 그건 바로 각 지역마다 기상 관측을 시작한 이래로 대부분 2018년에 최고기온을 경신했다는 점입니다. 특히 2018년 8월 1일 홍천은 무려 섭씨 41.0도까지 치솟으면서 우리나라 기상 관측 이래 역대 최고기온을 기록했죠. 종전 기록은 1942년 8월 1일에 대구에서 기록했던 섭씨 40도가 최대였다고 합니다. 약 70년 만에 드디어 기록이 깨지고 만 거죠. 서울의 경우 1907년부터 기상 관측

이 시작되었는데, 2018년 8월 1일 39.6도를 기록하면서 관측을 시작한 이래 111년 만에 최고기온을 기록하기도 했습니다.

폭염이 만들어 낸 호황과 불황

뜨겁게 내리쬐는 태양, 푹푹 찌는 열기 속에서 아스팔트에는 아지랑이가 피어오릅니다. 폭염이 장기간 계속된 2018년 여름은 너무 덥다 보니 한낮에는 거리를 돌아다니는 사람마저 크게 줄어들었습니다. 게다가 폭염은 우리의 소비 활동에도 크게 영향을 미쳤죠. 그렇다면 지독한 폭염 때문에 지난여름 어떤 일들이 벌어졌는지 잠시 살펴볼까요?

우선 에어컨을 비롯한 냉방 기기를 점검하거나 새로 장만하려는 가구가 급등했습니다. 너도 나도 출장을 요청하다 보니 에어컨을 수리하고 설치하는 기사들의 인력이 부족할 정도여서 오랜 대기시간에 짜증을 내는 고객들도 많았다고 합니다.

여름철이면 달콤하고 시원한 아이스크림을 많이 찾게 됩니다. 그런데 폭염에 금세 줄줄 녹아내리며 끈적거리는 아이스크림의 인기는 영 예년만 못했죠. 그 대신에 튜브에 포장되어 흐를 염려가 없는 청량한 빙과류가 훨씬 큰 인기를 끌었다고 하는군요. 또 더운 날씨에 식당을 찾아가는 것조차 귀찮아하는 사람들이 많아졌고, 더위에 잠 못 드는 밤 야식을 즐기는 사람들까지 늘어나면서 배달 어플 업계도 큰 호황을 누렸습니다. 햇빛에 그대로 노출되어야 하는 야외 놀이시설은 한산한 반면, 냉방 시설이 잘 갖춰진 실내 놀이공원은 폭염의 수혜를 입기도 했죠.

낮 시간에는 그저 거리에 잠시 서 있는 것만으로도 온몸에서 땀이 줄줄 흘러내리고, 땅에서 쉼 없이 올라오는 뜨거운 열기에 숨이 턱턱 막힐 만큼 2018년의 폭염은 참으로 어마어마했습니다. 안타깝게도 폭염은 2018년 여름만으로 끝난 것이 아닙니다. 2019년 6월 프랑스는 낮 기온이 무려 45.9도까지 치솟았다고 합니다. 프랑스뿐만 아니라 유럽 전역이 폭염에 몸살을 앓고 있죠. 그리고 우리나라도 마찬가지입니다. 바야흐로 우리는 폭염의 시대를 살아가게 되었습니다.

----- **잠깐만** -----

폭염 속에 노약자들은 외부 활동을 자제하는 것이 좋습니다. 체력이 약한 사람들은 온열성 질환에 취약하기 때문에 자칫 사망에 이를 수도 있으니까요. 청소년 여러분도 폭염특보가 발령된 날에는 충분한 수분을 섭취하면서 적당한 휴식을 취할 필요가 있습니다. 밖에 나가서 뛰어 놀고 싶어 몸이 근질거려도 가급적 과격한 야외 활동은 자제하는 것이 좋습니다.

국민 건강마저 위협하는 폭염의 맹위

앞에서 잠깐 이솝우화 《해님과 바람》 이야기를 했습니다. 동화 속에서 늘 온화함의 상징으로 등장했던 해님이었건만, 요즘 여름의 해님은 사납기가 겨울바람 못지않죠. 닥치는 대로 활활 태워 버릴 듯 사정없이 열기를 뿜어내는 해님 앞에서 사람들은 바깥으로 나갈 의욕마저 상실한 채 실내로 꼭꼭 숨어 버리고 맙니다.

여름에 야외 활동을 자제하면서 에어컨이 나오는 쾌적한 실내에서 주로 생활하고 있다면, 한여름 폭염의 무시무시함을 그리 뼈저리게 체감할 기회가 별로 없을지도 모릅니다. 하지만 세상에는 아무리 더워도 꼭 바깥에서 일해야 하는 사람들이 있습니다. 또 아무리 더워도 에어컨을 켤 수 없는 사람들도 있죠. 개중에는 폭염 때문에 건강을 해치거나, 정신을 잃고 쓰러지는 일들도 종종 발생하기도 합니다.

목숨까지 앗아가는 위험천만한 온열 질환

여름날 폭염은 그저 덥고 짜증스러운 정도로만 그치지 않습니다. 사실 폭염은 때로는 사람들의 목숨까지 빼앗을 만큼 그 자체로 매우 무섭고 위험한 기상 현상입니다.

폭염은 다양한 온열 질환을 일으킬 수 있습니다. 온열 질환이란 열로 인해 발생하는 급성 질환을 말하죠. 우리 인간은 뜨거운 환경에 오랫동안 노출될 경우에 두통이나 어지러움, 근육 경련, 피로감, 의식 수준 저하 등의 증상이 나타날 수 있거든요. 더 나아가 이를 방치하면 생명이 위태로울 수 있는 열탈진(일사병)과 열사병으로 이어질 수도 있습니다.

우리 인간의 체온은 섭씨 41도를 넘으면 체온조절 시스템이 붕괴되기 시작한다고 합니다. 체온이 이 정도로 오르면 땀 분비가 멈추고 호흡이 약해지면서 가빠지게 되죠. 아울러 맥박이 빨라지면서 금세 혼수상태에 빠질 수도 있습니다. 만약 이때 신체 중심

온열 질환의 주요 증상

분류	주요 증상
열사병	• 고열(〉40℃) • 땀이 나지 않아 건조하고 뜨거운 피부 • 의식을 잃을 수 있음 ※ 신속한 조치를 취하지 않으면 사망에 이를 수 있음
열탈진	• 땀을 많이 흘림(≤40℃) • 힘이 없고 극심한 피로 • 창백함, 근육경련
열경련	• 근육경련 (어깨, 팔, 다리, 복부, 손가락)
열실신	• 어지러움 • 일시적으로 의식을 잃음
열부종	• 손, 발이나 발목이 부음
기타	• 기타 열 및 빛의 영향 • 상세불명의 열 및 빛의 영향

※자료: 보건복지부(2019년 5월 16일 보도자료)

부의 체온을 떨어뜨리기 위해서 완벽한 조치를 취하지 않은 채 방치하면 뇌의 산소 공급량이 부족해져서 핵심적인 신체기관의 기능이 마비될 수도 있습니다. 이런 환자를 중환자실로 당장 옮기지 않으면 불과 몇 분 만에 목숨까지 잃을 수도 있습니다.[2] 어떤가요? 온열 질환을 결코 우습게 봐서는 안 될 것 같죠?

....
2. 마크 라이너스, 《6도의 멸종》(이한중 옮김), 세종서적, 2014, 92쪽

국민 건강보호를 위한 온열 질환 모니터링

우리 정부 차원에서도 폭염으로 인한 질병과 사망의 심각성을 인식하고 '온열 질환자 응급실 감시체계'를 운영하고 있어요. 이는 폭염 속에서 국민의 건강 보호 활동을 안내하기 위해서 온열 질환의 발생 현황과 주요 특성을 모니터링하는 것을 말합니다. 전국의 약 500여 개 협력 응급실을 통해서 온열 질환자 응급실 방문 현황을 신고 받아서 분석하여 정보를 제공하고 있죠.[3]

폭염으로 인한 온열 질환자 통계는 2011년부터 찾아볼 수 있습니다. 온열 질환 응급실 감시체계를 이때부터 운영했거든요. 온열 질환자 수는 2011년 443명인데 반해, 2018년에는 4,526명으로 무려 10배가 늘어났습니다. 온열 질환으로 인한 사망자 수도 2011년 6명인데 반해, 2018년은 48명으로 크게 늘어났죠. 이는 다음의 표(32쪽)에서 보듯이 폭염일수가 2011년 7.5일에서 2018년 31.4일로 4배 이상이나 늘어났기 때문입니다.

여기에서 더욱 놀라운 점은 이 수치가 실제보다 훨씬 더 작을 수 있다는 부분입니다. 그건 앞서 얘기한 통계 자료인 '온열 질환자 응급실 감시체계'의 한계 때문이기도 하죠. 왜냐하면 이 수치는 전국의 응급실 약 500여 곳에서 열사병이나 일사병 등으로 사

....
3. 보건복지부, 〈질병관리본부, 「온열 질환 응급실 감시체계」 가동!〉, 2019.5.16.

온열 질환자와 사망자 수 그리고 폭염일수

구분	2011년	2012년	2013년	2014년
온열 질환자 수	443명	984명	1,189명	556명
사망자 수	6명	15명	14명	1명
폭염일수	7.5일	15일	18.5일	7.4일
구분	2015년	2016년	2017년	2018년
온열 질환자 수	1,056명	2,125명	1,574명	4,526명
사망자 수	11명	17명	11명	48명
폭염 일수	9.7일	22.4일	14.4일	31.4일

※자료: 보건복지부, 2019.5.16.

망한 사람들을 집계한 것에 불과하니까요. 다시 말해서 미처 응급
실을 찾지 못한 채 폭염으로 인해서 사망한 분들은 포함하지 못한
불완전한 수치라는 뜻입니다. 결과적으로 반쪽짜리 통계에 불과
하므로 실제 집계를 하게 되면 사망자 수는 훨씬 더 많을 수밖에
없다는 뜻이고요.

이에 대해서 장재연 아주대학교 예방의학과 교수는 "폭염으로
인한 사망자는 특히 심혈관이나 호흡기 질환을 악화시키고 사망
을 앞당길 수 있기 때문에 기저 질환이 악화되어 숨진 사람들까지
포함해야 한다."고 말했습니다.[4]

....
4. KBS, 〈폭염 사망자 통계는 '반쪽짜리'…"실제는 3배 이상"〉, 2018.9.12.

SF영화가 현실이 되어 가는 기상이변

2017년 6월 카밀로 모라 미국 하와이대학교 교수 연구진은 학술지 《자연기후변화(NCC)》를 통해서 "세계 인구의 30퍼센트가 체온조절 능력을 뛰어넘는 치명적 기온(열파)에 연간 20일 이상 노출되어 있다."고 발표하기도 했습니다. 이는 모라 교수 연구진이 1980~2014년 36개국 164개 도시에서 발생한 열파 사망사고 1,900건을 분석한 결과인데요. 특히 2003년 유럽 지역의 폭염 당시엔 약 2만 명이 사망한 것으로 추정됐지만, 후속 조사에서는 최대 7만 명이 숨진 것으로 연구되었습니다.[5]

어떤가요? 더운 게 짜증스럽기는 하지만 그래봤자 몇 개월만 참으면 그만이지 싶었는데, 수많은 인명까지 앗아갈 만큼 위협적이라고 하니 조금은 무서워지지 않나요?

2004년 영화 〈투모로우〉를 보면 지구 온난화로 인해서 남극과 북극의 빙하가 녹으며 바닷물이 차가워지면서 해류의 흐름이 바뀌게 됩니다. 그 결과 지구 전체가 빙하로 뒤덮이죠. 이 영화는 지구 온난화로 수많은 사람들이 죽음을 맞이하는 끔찍한 재난 상황을 연출합니다. 기상이변에 대한 다소 극단적인 영화적 상상력이

5. 《한국경제》, 〈지구 온난화의 습격… "2003년 유럽 폭염으로 최대 7만명 사망"〉, 2017.6.23.

발휘된 것이라고 볼 수도 있지만, 기후변화는 이미 심상치 않은 수준에 이르렀습니다. 현재 폭염으로 많은 사람들이 아프고 심지어 사망하는 것만 보더라도 그저 영화 속 허무맹랑한 이야기일 뿐이라며 마냥 안심하고 즐길 수만은 없지 않을까요?

잠깐만

무더운 여름철, 블록버스터 재난영화는 큰 인기를 끌곤 합니다. 대체로 기상이변과 관련된 재난영화들이 많이 제작되었죠. 한때 영화는 영화로 즐기면 그뿐, 우리의 현실과는 거리가 멀다고 생각했습니다. 그런데 어느새 기상이변과 그로 인한 문제는 우리의 현실이 되고 말았습니다. 재난이 현실이 된 사례는 어떤 것들이 있는지 함께 생각해 봅시다.

말라죽고 폐사하고…
속이 타들어가는
농·축·수산가

앞에서 기후변화의 실태와 함께, 우리의 건강까지 크게 위협하는 폭염의 무시무시한 위력을 살펴보았습니다. 다양한 온열 질환을 일으킴은 물론 자칫 사망에까지 이를 수도 있다는 점에서 여름 더위라고 결코 만만히 볼 순 없을 것입니다.

그런데 우리 인간은 그나마 더위를 피할 수 있는 여러 가지 방법들을 알고 있고, 또 비교적 다양하게 선택할 수도 있으니 조금은 형편이 나은 편입니다. 한편 폭염에 고스란히 노출될 수밖에 없는 자연 생태계는 더욱 큰 피해를 입고 있답니다.

폭염과 가뭄으로 인한 농작물과 가축의 피해

한국농촌경제연구원의 〈농촌현장 폭염피해 현황과 대응방안〉에 따르면 2018년에 폭염과 가뭄으로 인해 입은 농작물의 피해는 과수(1,445헥타르)가 가장 많았으며, 그 다음으로 식용 외에 특수 목적으로 재배되는 특용작물(956헥타르), 밀·콩·옥수수 같은 전작물(475헥타르), 채소(454헥타르)의 순으로 나타나고 있습니다.

농업에서 자주 쓰는 헥타르(ha)라는 개념이 생소하다면 피해가 어느 정도인지 감이 잘 오지 않을지도 모릅니다. 1헥타르는 1만 제곱미터입니다. 혹시 축구장에 가 본 적이 있나요? 실제 경기장에 가 보면 텔레비전 화면으로만 보던 경기장의 실제 넓이에 깜짝 놀라게 됩니다. 보통 축구장 크기가 가로 100미터, 폭 70미터 정도이니까 7,000제곱미터 정도라고 할 수 있죠. 그런데 이를 헥타르로 바꾸면 축구장 하나는 0.7헥타르인 셈입니다. 그렇다면 앞서 피해를 입은 과수 1,445헥타르는 약 2,064개의 축구장 넓이에 해당됩니다. 폭염과 가뭄으로 인한 피해가 실로 광범위한 지역에 걸쳐 있다는 걸 알 수 있죠. 어때요. 정말 엄청나죠?

그뿐만 아니라 같은 보고서에 따르면 2018년 폭염과 가뭄으로 죽어 나간 가축의 수는 닭이 729만 1천 마리이고, 전체적으로는 783만 5천 마리에 이른다고 합니다. 참으로 막대한 수치입니다. 특히 죽어 나간 가축 중에서 닭이 90퍼센트 이상을 차지하고 있는

데요. 닭의 피해가 다른 동물에 비해 유달리 큰 이유는 비좁은 축사 안에서 대량 사육되는 이유도 있지만, 닭은 땀샘이 발달하지 않아서 더위에 특히 더 취약하기 때문이라고 합니다. 농민들은 선풍기를 이용해서 축사 안의 더운 공기를 밖으로 빼내 보기도 하고, 축사 지붕에 시원한 물을 뿌려 보기도 하지만, 근본적으로 폭염 피해를 막아 낼 만한 뾰족한 방법은 없는 형편이죠.

농작물과 가축의 피해는 고스란히 농민들의 경제적 부담으로 돌아오게 됩니다. 물론 이런 예상하지 못한 자연재해의 경우 보험 가입을 통해서 피해 위험 부담을 다소 줄이기도 합니다. 하지만 같은 보고서에서 농민들 448명을 조사한 결과 농작물(가축) 재해 보험에 '가입했다'는 응답 현황을 살펴보면 다음과 같습니다. 과수(45.5퍼센트), 축산(44.4퍼센트) 등에서는 가입 비율이 40퍼센트대로 나타났지만, 노지채소(15.6퍼센트), 시설원예(19.3퍼센트), 특작(8.6퍼센트) 등의 경우에는 20퍼센트에 미치지 못하고 있는 실정입니다. 미리 준비하지 못한 농민들을 탓할 수도 있겠지만, 실제로 보험 가입대상 품목이 아니거나 비용 대비 가입으로 인한 혜택이 미미하기 때문에 못한 경우도 많았죠.

여기서 끝이 아닙니다. 폭염은 바닷물의 온도마저 뜨겁게 달구었습니다. 수온이 크게 오르며 양식장들도 직격탄을 맞았죠. 장기간 이어지는 폭염에 양식장은 속수무책이었습니다. 2018년 전라남도 함평과 장흥의 6개 양식장에서 돌돔 19만 마리, 넙치 22만 1

천 마리 등 모두 41만 1천 마리가 폐사했다고 합니다. 부산 기장의 7개 어가에서도 넙치, 강도다리, 전복 등 양식어류 10만 8천 마리가 죽었고, 울산 양식장에서도 강도다리 2만 6천 마리, 넙치 2만 5천 마리가 피해를 보았죠. 경남도 전체 양식 어류 폐사는 136만 마리, 경북도는 56만 7천여 마리로 집계되었습니다.[6] 참으로 막대한 경제적 피해가 아닐 수 없습니다.

폭염, 자연 생태계의 구조를 뒤바꾸다

더욱이 폭염은 우리나라의 자연 생태계마저 바꾸고 있습니다. 예컨대 기존에 우리나라에서는 찾아볼 수 없었던 해충이 도처에 들끓게 된 거죠. 이것은 우리 농작물에 막대한 피해를 주고 있습니다. 특히나 2018년에는 연일 맹위를 떨치는 폭염으로 인해 이상고온 현상이 장기간 이어지면서 미국선녀벌레, 갈색날개매미충 등 외래해충이 기승을 부렸죠. 경기도만 하더라도 해충으로 인한 피해가 무려 3,800헥타르[7]에 달했다고 합니다. 앞서 설명한 것처럼 축구장으로 바꿔서 계산해 보면 축구장 5,428개에 해당하는 엄청

6. 《연합뉴스》, 〈2018폭염보고서 2- 사망자 사상최다… 축사·양식장 초토화〉, 2018.8.19. 기사 참조
7. 《중앙일보》, 〈폭염지나니 생소한 외래해충 기승〉, 2018.8.27.

난 규모의 농지가 유례없는 폭염 때문에 나타난 외래해충으로 인해서 크나큰 피해를 입게 된 것입니다.

기사에 따르면 미국선녀벌레는 본래 미국, 멕시코, 푸에르토리코 등 북미나 남미에서 주로 서식하는 곤충이라고 합니다. 5월경 부화하기 시작해서 60~70일 후에 성충이 되죠. 문제는 어린 벌레일 때는 잎을 갉아먹고, 성충이 되고 나면 수액을 빨아 먹어서 열매가 제대로 자라지 못하게 한다는 것입니다. 특히 왁스 물질을 분비해서 열매의 상품성에 피해를 주고, 과일에 그을음병(Sooty mold)까지 유발해서 과실 농가에 심각한 피해를 주고 있죠.

폭염은 외래해충만 불러오는 것이 아닙니다. 기존 해충들의 번식도 부추긴다고 합니다. 따라서 폭염이 장기화되면 기존 해충의 피해도 더욱 극심해지는 셈이죠. 예컨대 파밤나방은 우리나라에서 1980년대 후반부터 남부지방의 밭작물을 중심으로 피해를 입히고 있는 대표적인 해충입니다. 작물의 잎에 구멍을 뚫기 때문에 파밤나방의 개체수가 많아지면 밭에는 앙상한 줄기만 남을 만큼 작물을 닥치는 대로 모두 먹어치워 버리는 폭식가이기도 합니다. 특히 파 재배지에서 가장 골칫거리로 꼽히는 해충이죠.

얼마나 피해가 심각한지 파밤나방이 한번 퍼지면 아예 파를 재배할 수 없는 지경에까지 이른다고 보고되고 있습니다. 이름에서도 짐작할 수 있듯이 파밤나방은 파 작물의 최대 해충이지만, 비단 파뿐만 아니라 각종 채소와 화훼, 전작물, 특작물, 잡초 등 거의 모든 식물을 가리지 않고 닥치는 대로 먹어 치우며 피해를 입히는 대표적인 잡식성 해충이기도 합니다.[8]

"고온에 가물다 보니까 파밤나방이 많이 발생해서 방제에 어려움을 많이 겪고 있고, 예년에 비해서 두세 배 더 방제해도 효과가 별로 없는 실정입니다."[9] 농작물 피해를 호소한 어느 농민의 이야기입니다. 이러한 호소만으로도 문제의 심각성을 충분히 짐작할 수 있을 것입니다.

온열 질환에 무방비로 노출된 농업 현장

우리는 앞에서 폭염으로 생기는 질병과 목숨까지 앗아갈 수 있는 온열 질환에 관해서 살펴보았습니다. 그런데 2011~2017년에 발생한 온열 질환자 중 논과 밭, 비닐하우스 등 농업 현장에서 발생한 환자는 1,461명으로 전체의 18.4퍼센트를 차지합니다. 물론 이것도 적지 않은 수치이기는 하지만, 사망자만 놓고 보면 훨씬 더 심각하다는 것을 알 수 있습니다. 왜냐하면 온열 질환으로 사망한 사람들 중 농업 현장에서 사망한 비율은 거의 절반에 가까운 전체의 45.3퍼센트(34명)에 달하기 때문이죠.

....
8. 농사로 nongsaro.go.kr 작목기술정보 참조
9. YTN, 〈고온·가뭄에 해충까지 비상!〉, 2018.8.9. 보도 참조

실제 앞서 농민을 대상으로 실시한 조사에서 2018년 여름 폭염으로 온열 질환 및 불면증(수면장애)을 겪은 농업인의 비율을 조사해 보니 전체 응답자 중 무려 85.9퍼센트에 달했다고 합니다. 하지만 온열 질환으로 지역 내 보건소나 병원을 방문한 경험이 있는 경우는 16.5퍼센트에 불과하였으며, 마을 회관이나 경로당 등 무더위 쉼터를 1주일 동안 1회 이상 방문한 경우도 24.3퍼센트에 불과했죠. 아직 농민들이 폭염에 대해서 심각하게 인식하지 못하고 있으며, 아울러 농촌에 폭염과 관련한 대비책이 제대로 마련되지 못했다는 것을 여실히 보여줍니다. 경제적 피해뿐만이 아니라 질병과 인명 피해까지 생각한다면 폭염이 가져온 막대한 피해를 여러분도 충분히 가늠할 수 있겠죠?

····· **잠깐만** ·····

폭염으로 인한 피해는 사람과 식물, 동물을 가리지 않습니다. 정도의 차이는 있겠지만, 특히 폭염으로 인한 농·축·수산가의 피해가 참으로 막대합니다. 앞으로 기후변화가 계속 이어진다고 한다면 농·축·수산가의 피해를 최소화하기 위해서 어떤 정책이 마련되면 좋을지 함께 토론해 봅시다.

지구의
아픈 신음소리,
기후변화

폭염으로 인한 고민은 비단 우리나라만의 문제는 아닙니다. 이미 수년 전부터 세계 곳곳에서 이상고온 현상이 나타나고 있습니다. 지구촌이란 말처럼 세계 여러 나라들은 서로 가깝게 연결되어 있죠. 그리고 지구의 변화에도 서로 비슷한 영향을 받고 있습니다.

사실 꽤 오랫동안 선진국을 중심으로 세계 여러 나라들은 기후변화의 심각성을 알면서도 애써 외면해 왔습니다. 기후 문제보다는 산업 발전을 통한 경제 성장과 생활의 편의를 우선시했기 때문입니다. 화석연료 기반의 에너지 생산, 대규모 가축농장 운영, 식품의 장거리 운송, 무분별한 일회용품의 사용 등 이 모든 것들은 지구를 빠르게 오염시켰고, 지구는 점점 더 병들어 갔습니다.

급기야 심상치 않은 기후변화가 이어지고 있습니다. 지구가 본격적으로 아픔을 호소하며 신음소리를 내기 시작한 것입니다. 기후변화는 우리나라뿐만 아니라 세계 곳곳에서 나타나고 있으며, 특히 폭염으로 인한 막대한 피해 상황이 관찰되고 있죠.

마침내 지구의 신음소리에 귀 기울이는 세계

기후변화를 더 이상 두고 볼 수 없었기 때문에 전 세계 여러 나라들이 모여 1997년 '교토의정서'에 이어 2015년 파리협정을 채택했습니다. 파리협정은 이후 4장에서 좀 더 자세히 이야기하겠습니다.

아무튼 파리협정에서는 기후변화에 관한 정부 간 협의체(IPCC)에 특별한 임무를 맡겼습니다. 그 내용은 바로 산업화 이전 대비 지구 평균기온이 1.5도 상승하였을 경우에 나타나는 영향 및 1.5도 이내로 온도 상승을 막기 위해 온실가스 배출경로에 대한 특별보고서를 2018년에 제공하도록 한 거죠. 기후변화에 관한 정부 간 협의체는 2016년 4월에 이 요청을 수락하고 보고서를 준비했습니다. 그 결과 2018년 10월에 드디어 나온 것이 바로 〈지구 온난화 1.5도 특별보고서〉(IPCC, 2018)입니다.

2018년 폭염으로 인한 전 세계 주요 피해 현황

국가명	발생월(일)	주요 피해 현황
스페인	8월	이상고온, 최고기온 44도 기록, 40개 주 폭염경보 발령
스웨덴	7월	100년만의 폭염, 최고기온 34.6도, 관측사상 최고기온 기록, 산불 50건 이상 발생
그리스	7월	폭염, 최고기온 섭씨 40도 기록, 아크로폴리스 관광지 운영 중단
일본	7월	폭염, 최고기온 구마가야 41.1도, 도쿄 40.8도. 관측사상 최고기온 기록, 80여 명 사망
모로코	7월	폭염, 최고기온 43.4도, 관측사상 최고기온 기록
파키스탄	5.20~22	폭염, 최고기온 44도 기록, 65명 사망
알제리	7월	폭염, 최고기온 51.3도, 관측사상 최고기온 기록
아르메니아	7월	폭염, 최고기온 42도, 7월 최고기온 기록
캐나다	7월	동부 폭염, 89명 사망, 최고기온 37도 기록(여름 평균기온 21도)
미국	7월	폭염, 폭염주의보 발령, 최고기온 45.5도 기록, 냉방대피소 설치, 93년 만의 최고기온 기록

※자료: 관계부처합동(2019), 2018년 이상기후보고서

산업화, 지구 온난화를 부추기다

〈지구 온난화 1.5도 특별보고서〉에 따르면 산업화로 인해 현재
는 이전 수준 대비 약 섭씨 1도의 지구 온난화가 일어난 것으로
추정하고 있습니다. 만약 현재의 속도로 지속된다면 2030년에
서 2052년 사이에는 1.5도에 도달할 가능성이 있다고 합니다. 특
히 2006~2015년의 10년 동안 관측된 전 지구 평균 표면온도가
1850~1900년의 평균보다 섭씨 0.87도 높게 나왔다고 하면서 전
인류가 이에 대한 경각심을 가져야 한다고 주장합니다. 현재 10년
마다 0.2도씩 지구 온도가 계속 올라가고 있기 때문이죠.

특히 앞으로 온난화가 계속 심화되면 군소 도서지역을 비롯해
서 저지대 해안지역 등의 경우에는 해수면의 상승과 관련된 위험
이 높아질 것이라고 보고 있습니다. 실제로 아시아개발은행(ADB)
의 보고서에 따르면, 2016년 2월을 기준으로 전 세계 평균 해수면
높이는 1993년에 비해 74.8밀리미터 상승한 것으로 나타나고 있
습니다. 앞으로 2100년이 되면 1990년보다 0.75~1.9미터 더 상
승할 전망이라고 하고요. 우리나라의 경우 제주도의 해수면이 지
난 40년간 22센티미터 상승하였는데, 이는 세계 평균의 무려 3배
를 웃도는 높은 수치입니다.[10] 이에 기상청에서는 2100년에는 제

....
10. 기후변화센터, www.climatechangecenter.kr 참조

주도 전체 면적의 4.8퍼센트가 침수될 가능성이 있다는 연구 결과를 발표하기도 했습니다.[11]

또한 기온의 상승은 생물종의 감소 및 멸종을 비롯하여 육지의 생물 다양성을 저해하는 등 자연 생태계에 크나큰 위기를 가져올 수 있습니다. 예컨대 지구 온도가 1.5도 상승하게 될 경우 곤충의 6퍼센트, 식물의 8퍼센트 그리고 척추동물의 4퍼센트가 기후지리적 분포 범위의 절반 이상을 잃게 될 것이라는 전망도 있으니까요. 이를 반영하듯 〈지구 온난화 1.5도 특별보고서〉에서도 전 지구에서 육지 면적의 약 6.5퍼센트가 다른 유형의 생태계로 전환될 것이라는 전망을 내놓고 있죠.

잠깐만

산업화는 현대사회의 근간입니다. 산업화 덕분에 우리 인류는 과거 어느 때와 비교할 수 없는 풍요로운 시절을 누릴 수 있게 되었으니까요. 하지만 과잉생산, 양극화, 환경오염 등 산업화로 야기된 문제들도 만만치 않습니다. 특히 환경 문제는 오랫동안 사람들의 관심 밖에 있다가 최근 주요 화두가 되고 있죠. 우리 사회가 산업화 이전으로 되돌아가는 것은 사실상 불가능합니다. 하지만 몇 가지 생활 방식은 산업화 이전으로 되돌려 보는 것도 가능하지 않을까요? 환경 문제에 도움이 될 만한 산업화 이전의 생활 방식으로의 가능한 변화에는 무엇이 있을지 함께 이야기해 봅시다.

....
11. 기상청, 〈제주도 기후변화 상세분석 보고서〉, 2013

지구 온도가
1도씩 높아질 때
일어나는 일

앞서 우리는 지구의 기온이 섭씨 1.5도 상승할 때 우리가 맞이하게 될 다양한 변화의 모습을 대략적으로 살펴보았습니다. 그렇다면 혹시 앞으로 지구의 온도가 1도씩 계속해서 올라간다면 그때마다 구체적으로 어떤 일들이 벌어지게 될까요?

저널리스트이자 환경운동가인 마크 라이너스가 2008년에 출간하고 2014년에 기존 자료를 한층 보강하여 출간한 《6도의 멸종》이라는 책이 있습니다. 이 책을 살펴보면 1도부터 6도까지 올라갈 때 지구에서 발생할 수 있는 다양한 현상들을 생생하게 묘사하고 있죠. 게다가 이 모든 것들은 단순히 작가적 상상력에 기반한 것이 아닙니다. 각종 과학적 데이터를 토대로 하고 있으며, 아시아·유럽·북미 등 여러 지역에서 실제로 나타난 사례들을 바탕으로 하고 있죠. 그렇기 때문에 더더욱 우리 모두를 섬뜩하게 만드는 강력한 경고로 다가옵니다.

6도가 올라가면 지구는 멸망한다?

최종적으로 6도가 상승하게 되면 지구는 과연 어떻게 변화하게 될까요? 《6도의 멸종》에 따르면[12] 페름기[13] 말의 대멸종과 유사한 일이 벌어질 수 있다고 경고합니다. 여러분에게는 공룡이 멸종한 백악기는 익숙하겠지만, 페름기는 조금 생소할지도 모르겠네요. 실제 지구 역사상 가장 큰 대멸종이 일어난 시기는 바로 페름기 말입니다. 지금으로부터 약 2억 5천 1백 만 년 전 고생대의 페름기와 중생대의 트라이아스기 사이에는 지구 역사상 최대의 멸종이 일어났습니다. 이때 해양 생물종의 약 96퍼센트와 육상 척추동물의 70퍼센트 이상이 절멸했다고 합니다.

....
12. 마크 라이너스, 《6도의 멸종》(이한중 옮김), 세종서적, 2014, 280쪽
13. Permian, 고생대의 마지막 시대로 약 2억9,000만 년 전부터 2억4,500만 년 전까지의 시기

마크 라이너스는 이 책에서 기온이 6도나 오른 세계의 모습을 시뮬레이션한 연구 모델은 아직 없지만 페름기 말에 지구 온도가 6도 이상 치솟았으며, 이때의 극심한 온난화 현상과 현재의 지구 온난화 상황이 매우 유사해 보인다고 주장합니다.

식물들마저 스트레스를 느끼는 폭염

《6도의 멸종》에서 이야기한 것처럼 지구는 정말로 조금씩 멸망을 향해서 가고 있을까요? 확실한 건 꼭 6도까지 오르지 않더라도 지구의 온도는 단 1도가 오르는 것만으로도 극심한 변화가 생겨난다는 것입니다. 이미 앞에서 얘기했듯이 2003년 유럽에는 최악의 폭염이 닥쳤고, 이로 인해 약 2만 명이 사망한 것으로 추정되었죠. 그런데 후속 조사에 따르면 2만 명이 아니라 최대 7만 명이 숨진 것으로 밝혀져 사람들에게 큰 충격을 안겨주었습니다. 당시 유럽대륙 전체의 평균기온은 평년에 비해 2.3도 높았다고 합니다.

그런데 또 다른 놀라운 사실이 밝혀졌습니다. 2003년 유럽 전역을 모니터링한 결과 높은 기온과 심한 가뭄의 이중 스트레스 때문에 광합성 작용이 약화되면서 식물의 성장 속도가 30퍼센트나 떨어진 것입니다. 그뿐만이 아닙니다. 폭염으로 인해 극도의 스트레스를 받은 식물들이 이산화탄소를 흡수하는 대신에 오히려 대기

중에 이산화탄소를 방출하기 시작한 것입니다. 그 결과 유럽의 식물들이 약 5억 톤의 탄소를 내뿜었는데, 이는 지구의 화석연료 전체 배출량의 1/12에 해당하는 양이었다고 합니다.[14]

자, 어떤가요? 저는 단순히 여러분들을 겁주거나 불필요한 걱정을 떠안기려고 이 책을 쓴 것이 아닙니다. 그런 의도는 전혀 없음을 다시 한 번 꼭 밝히고 싶네요. 하지만 여러분이 살고 있는 이 지구에 지금 어떤 일들이 벌어지고 있는지에 관해서 한번쯤은 진지하게 생각해 보았으면 합니다. 즉 단순히 "이번 여름은 대체 왜 이렇게 더운 거야!"라며 짜증을 내는 데 그치지 말고, 지금 우리 지구가 처해 있는 안타깝고 곤란한 상황을 이해하고, 관심을 기울였으면 좋겠습니다.

쓸데없는 걱정을 가리켜 '기우(杞憂)'라고 합니다. 이 한자를 풀이하면 기나라 사람의 걱정이란 뜻입니다. 왜 이런 말이 나왔는가 하면 옛날 중국 기나라에 살던 사람이 하늘이 무너지고 땅이 꺼지지 않을까 걱정했던 이야기에서 유래되었다고 합니다. 오늘 당장 우리의 하늘이 무너지거나 땅이 꺼질 가능성은 희박합니다. 하지만 그렇다고 해서 마냥 안심할 수 있는 상황도 아닙니다. 왜냐하면 지구 온도의 변화로 인해 어쩌면 가까운 미래에 우리 인간을 포함한 수많은 생명체들이 살아갈 터전을 잃게 될지도 모르니까

....
14. 마크 라이너스, 《6도의 멸종》(이한중 옮김), 세종서적, 2014, 94쪽 참조

요. 더 늦기 전에 지금 당장 함께 머리를 맞대고 근본적인 해결책을 고민해 봐야 하지 않을까요?

글쎄, 아직은 실감이 잘 나지 않는다고요? 그렇다면 폭염의 영향력을 여러분들이 조금 더 실감할 수 있도록 이야기를 이어가 봅시다. 다음 장에서는 폭염이 우리의 생활을 어떻게 변화시키고 있는지를 중심으로 좀 더 살펴보도록 해요.

앞에서 우리는 지구 온난화로 인해 나타난 기후변화를 중심으로 살펴보았습니다. 기후변화는 지구가 병들어 있다는 일종의 신호입니다. 이미 지구 곳곳에서 기후변화로 인한 심각한 몸살을 앓고 있죠. 특히 폭염은 농작물이나 가축 등에게도 많은 피해를 입히고, 나아가 자연 생태계 전체를 뒤흔드는 위기를 초래할 뿐만 아니라, 우리 인간의 건강과 생명까지도 위협하는 지경에까지 이르렀습니다. 특히 폭염과 함께 부쩍 길어진 여름은 우리의 생활에도 여러 가지 변화를 가져왔죠. 이 장에서는 폭염이 바꾼 우리의 라이프 스타일을 중심으로 살펴볼까 합니다.

CHAPTER 02

"에어컨 밖은 위험해!"

폭염이 바꾼
라이프 스타일

에어컨은 더 이상 사치품이 아니다

요즘에는 대부분의 가정에서 에어컨을 보유하고 있습니다. 심지어 각 방마다 에어컨을 설치한 가구도 어렵지 않게 찾아볼 수 있을 정도입니다.

정오가 되기 전부터 30도는 가뿐하게 뛰어넘는 한여름 찜통더위 속에서 하루 종일 에어컨 없이 버틴다는 상상만으로도 짜증이 솟구칠 것입니다. 물론 여러분의 부모님들은 혹시라도 전기요금 폭탄을 맞을까 봐 최대한 아껴서 에어컨을 틀려고 하시겠지만 말이죠. 중요한 건 이제 에어컨은 필수 가전제품으로 사람들에게 인식되고 있다는 것입니다. 그런데 에어컨은 전력 소모량이 매우 큰 가전제품입니다. 그만큼 요금 부담이 클 수밖에 없죠.

여름철마다 반복되는 가정용 전기요금 누진제 논란

여름철이면 특히 전기요금 폭탄을 걱정하는 가정이 많은 이유는 뭘까요? 바로 전기요금 누진제[15] 때문입니다. 이 제도는 1973년 오일쇼크를 계기로 소비 부문의 에너지 절약과 저소득층 보호를 목적으로 시작된 것입니다. 전기 사용량이 증가함에 따라 순차적으로 높은 단가가 적용되는 요금 산정 방식이죠.

누진제는 2017년까지 6단계로 나눠져 있었지만, 현재는 3단계로 나눠져 있습니다. 즉 처음 200킬로와트시(kWh)까지는 93.3원, 201~400킬로와트시를 사용하면 187.9원, 400킬로와트시를 초과하면 280.6원을 부과하고 있죠. 최저(93.3원)와 최고(280.6원) 사이의 누진율은 3배입니다. 예를 들어 월 300킬로와트시를 사용한 가정은 처음 200킬로와트시에 대해서는 킬로와트시당 93.3원이 적용되고, 나머지 100킬로와트시에 대해서는 187.9원이 각각 적용돼 총 37,450원의 요금이 부과되는 거죠.

....
15. 한전 https://cyber.kepco.co.kr 참조

앞서 잠깐 이야기했지만, 누진제는 1970년대 중동의 오일쇼크로 유가가 급등했던 시절에 에너지 절약을 유도하려는 취지로 탄생한 것입니다. 이러한 제도가 현재까지 그대로 유지되기에는 무리가 있다는 지적[16]이 있습니다. 우선 1970년대와 현재 우리의 생활은 크게 달라져 있습니다. 단적으로 사용하는 가전제품 수도 훨씬 더 많아졌죠. 게다가 2017년 기준 전체 전기 사용량 중 가정용 전기 사용량의 비율은 13.5퍼센트에 불과해서, 에너지 절약을 위한 수요 관리에 큰 영향을 끼치지 못한다고 합니다.

이로 인해 산업부와 한전[17]은 여름철 이상기온이 상시화됨에 따라 이러한 누진제를 개편해야 할 필요성에 맞춰 2018년 12월부터 소비자 단체 및 학계, 국책 연구기관 등 민간 전문가와 함께 개선 방안을 논의해 왔습니다. 다만 누진제를 폐지해서 연중 단일요금제로 적용하다 보면 전기를 쓴 만큼 내게 되지만, 현재에 비해 가구전력 사용량이 작은 가구(1,400만)는 요금을 더 내야 하고, 전력 다소비 가구(800만)는 요금을 적게 내게 되는 문제가 발생합니다. 따라서 누진체계를 유지하되 하계에만 별도로 누진구간을 확대하기로 했습니다.

전기요금이 싸지면 가계 부담이 줄어들 테니 좋겠지만, 우리가

16. 《한겨레21》, 〈전기요금 폭탄은 없다〉, 2018.9.3 기사 참조
17. 산업통상자원부, 〈누진제 TF, 누진구간 확대안(1안)을 최종 권고안으로 제시〉 보도자료, 2019.6.18

꼭 잊지 말아야 할 것이 있습니다. 그건 바로 전기는 절대 공짜로 얻어지는 게 아니라는 사실이죠. 전기를 만드는 과정에 들어가는 석유, 석탄 같은 화석연료는 지구의 온도를 높여 기후변화를 일으키는 중요한 원인이기도 하고요. 4장에서도 살펴보겠지만 우리나라 에너지의 가장 큰 비중을 차지하는 원자력발전 역시 숨겨진 비용들이 많습니다. 그렇다고 전기를 무조건 안 쓰거나 여름에 에어컨을 쓰지 말자는 얘기를 하려는 건 아닙니다. 다만 무분별한 전기 사용은 분명 경계해야 한다는 뜻이죠.

필수품이 된 에어컨 그러나 에어컨을 설치할 수 없는 사람들

에어컨 이야기를 좀 더 해볼까 합니다. 혹시 알고 있나요? 한때 우리나라에서 에어컨은 사치품이었습니다. 단적인 예로 1993년만 해도 에어컨을 보유하고 있는 집은 전체 가구 중 단 9퍼센트에 불과했으니까요. 하지만 2000년에 29퍼센트, 2011년에는 61퍼센트로 계속 급상승하더니, 유례없는 폭염이 기승을 부렸던 2018년에는 85퍼센트에까지 이르렀죠.

조만간 1가구 1에어컨 시대가 도래할 것으로 전망되고 있습니다. 여름철만 되면 위력적인 폭염이 연일 기승을 부리면서 사치품의 기준이 자연스럽게 바뀌게 된 거겠죠. 사치성 소비 품목에 붙는 개별 소비세도 2015년에 바뀌게 되어, 이제 에어컨에는 더 이상 개별 소비세를 부과하지 않게 되었습니다.

여름철 필수품이 된 에어컨. 하지만 우리 사회에는 돈이 없어서 자력으로 에어컨을 설치할 수 없는 사람들도 많습니다. 하지만 폭염과 함께 에어컨의 필요성이 가중됨에 따라 취약 계층에 제공해 주어야 할 물품으로 인식이 바뀌고 있죠. 이를 반영하듯 한국토지주택공사(LH)는 2019년 3월 설계에 들어가는 신규 영구임대주택부터 거실에 벽걸이형 에어컨을 설치하는 방안을 도입하기도 했습니다. 영구임대주택에 거주하는 입주민의 건강을 보호하고 주거 환경을 개선하기 위함입니다.

LH 관계자는 "영구임대주택의 경우 60세 이상 고령자의 비율이 61퍼센트(2018년 6월 기준)에 이르지만, 에어컨이 설치된 가구는 전체 가구의 절반에 미치지 못해서 폭염이 발생해도 다수의 고령 입주자들이 냉방 기기 없이 견뎌야 하는 실정이어서 이와 같은 조치를 마련했다."고 설명했습니다.[18]

1장에서 살펴보았지만, 노약자일수록 온열 질환에 더 취약합니다. 특히 60세 이상 고령자에게서 많이 발생하기 때문에 더욱 각별한 주의가 필요하죠. 그리고 현재 전체 가구의 85퍼센트에 에

....
18. 《한국아파트신문》, 〈폭염 취약 계층 위해 영구임대주택에 에어컨 설치〉, 2019.4.24. 기사 참조

어컨이 설치되어 있다고 이야기했지만, 영구임대주택의 경우에는 가구의 절반도 채 설치되어 있지 않습니다. 이러한 조사 결과는 폭염에 취약한 사람들이 폭염의 위험에 더 크게 노출되어 있음을 여실히 보여줍니다. 아울러 형편이 어려운 사람들일수록 폭염에 대한 대비가 취약하다는 것을 알 수 있습니다.

시원한 에어컨 바람에 지불해야 할 대가

취약 계층에 대한 에어컨 보급 확대는 사회 복지 차원에서 분명 바람직한 현상입니다. 다만 에어컨이 전 국민 필수 가전제품화가 되어 가는 현재의 상황에서 우리가 다시 한 번 곰곰이 생각해 볼 문제가 있습니다.

지구 온난화의 영향으로 인해 지구의 기온은 해마다 조금씩 높아지고 있습니다. 지구 온난화를 일으킨 원인에는 오직 인간의 이기심에서 비롯된 무분별한 에너지의 사용도 크게 한몫하고 있죠. 그런데 앞으로 너 나 할 것 없이 에어컨을 더 많이 더 강하게 더 오래 튼다면 늘어나는 에너지의 소비량만큼 지구는 더욱더 뜨거워지는 더위의 악순환이 초래될 수 있습니다.

에어컨을 가동하기 위해서는 막대한 전력이 필요합니다. 예컨대 일반 선풍기의 전력 사용량이 40~50와트인데 반해, 에어컨은

1,000~4,000와트로 크게는 100배 가까이 차이가 난다고 합니다. 또한 도시에 빼곡히 들어찬 모든 건물이나 도로에 넘쳐나는 차들이 모두 에어컨을 사용하게 되면 이로 인해 발생하는 인공열은 도시 폭염을 가중시키는 주요 원인이 됩니다. 더위를 피하기 위해서 가동한 에어컨으로 인해 도시 전체가 더 뜨거워지고, 그 결과 에어컨을 더 세게 틀 수밖에 없는 악순환에 빠질 수 있다는 거죠. 게다가 에어컨에 사용되는 냉매는 이미 그 자체로 환경을 파괴하는 화학 물질이기도 합니다.

과연 무엇이 최선인지, 쉽게 선택할 수 없는 문제입니다. 이에 관한 고민은 4장에서 좀 더 자세히 얘기를 나눠 보도록 해요.

잠깐만

숨이 턱턱 막히는 더위에 에어컨 없이 여름을 나는 것은 이제 상상할 수도 없습니다. 하지만 여름에 에어컨 없이 더위를 참아야 하는 분들도 계시죠. 언젠가 아파트 경비실에 에어컨을 설치하는 것과 관련해 찬반논란이 뜨거웠습니다. 사실 한여름 좁은 아파트 경비실에서 전국의 수많은 경비아저씨들은 찜통 같은 더위에 노출됩니다. 여러분은 아파트 경비실에 에어컨을 설치하는 것에 대해 어떻게 생각하나요? 또한 에어컨 사용으로 인한 전기요금은 어떻게 부담해야 한다고 생각하나요?

후덥지근한 야외 말고
시원한 실내가
좋아요!

여러분은 주로 어디에서 가족과 함께 더위를 피해 여름휴가를 보내나요? 아주 오래전에는 여름이 되면 마을과 가까운 냇가를 찾아가서 시원한 물에 발을 담근 채 부채질을 하면서 수박을 나눠 먹는 것만으로도 피서가 따로 없었다고 합니다. 조금 더 세월이 지나서는 더위가 찾아오면 너도 나도 산과 바다로 피서를 떠났죠. 그 바람에 휴가 기간이 몰리는 7월 말부터 8월 초까지는 늘 사람들로 북적이던 도시가 한산해지고, 고속도로는 너 나 할 것 없이 휴가를 떠나는 차량들로 꽉꽉 막히곤 했습니다.

부쩍 한산해진 산과 바다

그저 더운 것을 넘어서 가히 살인적이라고 표현할 만한 지독한 폭염은 우리나라의 한여름 휴가철 피서 풍경마저 바꿔놓고 있다고 합니다. 2018년 여름은 연일 체온을 넘나드는 사상 최악의 폭염 속에서 해마다 한여름 휴가철 특수를 누려온 전국의 해수욕장과 유명산 등 전통적인 피서지들이 울상을 지었습니다. 사람들의 발길이 뚝 끊겨 유례없이 한산했기 때문이죠.

그 이유는 무지막지한 햇살 때문이었습니다. 백사장은 맨발로 밟기조차 어려울 정도로 뜨겁게 달아올랐고, 더위를 차갑게 식혀 주어야 할 바닷물마저 뜨뜻미지근하게 수온이 올라갔으니까요. 모래밭에 매트를 깔고 여유롭게 휴식을 취하려고 해도 5분도 가만히 앉아 있기 어려울 만큼 따가운 햇살과 숨이 턱턱 막히는 열기 탓에 여유롭게 일광욕도 즐길 수 없었죠.

강원도 환동해본부에 따르면 2018년 8월 1일까지 동해안 93개 해수욕장을 찾은 피서객 수는 658만 3천 998명이었습니다. 그런데 이는 작년의 같은 기간에 방문한 770만 2천 823명에 비해 14.5퍼센트(111만 8천여 명)나 감소한 수치였다고 합니다.[19]

....
19. 《매일경제》, 〈[최악폭염] 해수욕장 한산 천연동굴 북적…바뀐 피서 풍속도〉, 2018.8.2. 참조

그 많던 사람들은 다 어디로 갔나?

그런다면 매년 더위를 피해 바다로 산으로 떠났던 그 많은 사람들은 다 어디로 간 걸까요? 해외로 여행을 떠난 사람들도 있겠지만, 상당수가 도시에 남았습니다. 오히려 도심 한가운데 냉방 시설이 잘 갖춰진 영화관이나 대형마트, 호텔 등을 찾았던 거죠.

영화와 출판 시장에서는 폭염이 흥행의 호재라는 공식이 있을 정도입니다. 왜냐하면 야외 활동을 줄이고 무더위를 피해서 에어컨 '빵빵한' 극장이나 서점을 찾기 쉬우니까요. 여름철에 유독 블록버스터 영화들이 많이 개봉하는 것도 비슷한 맥락에서 생각해 볼 수 있습니다. 실제 2018년 여름에 개봉한 〈신과 함께-인과연〉(1,227만 명)이나 2016년 여름을 뜨겁게 달군 〈부산행〉(1,156만 명) 등 1,000만을 넘어선 초대박 흥행 영화들은 무더위의 수혜를 적잖이 받았다고도 할 수 있죠. 또한 편의 시설이 잘 갖춰진 시원한 쇼핑몰에서 쇼핑을 즐기면서 휴가를 보내는 이른바 '쇼캉스족(쇼핑+바캉스)'도 크게 늘어나면서 백화점과 대형마트 등은 폭염에 콧노래를 불렀습니다.

반면에 폭염에 그대로 노출될 수밖에 없는 전통시장의 경우에는 손님들의 발길이 끊기는 바람에 상인들이 울상을 짓기도 했습니다. 최근에는 전통시장이 점차 현대화되면서 가림 시설을 설치한 시장들도 늘어나기는 했지만, 그래봤자 직사광선이나 겨우 피할 수 있을 뿐, 백화점이나 대형마트처럼 쾌적한 냉방 시설이 갖춰져 있는 것은 아니기 때문이죠. 살인적인 폭염 속에 시장을 찾는 사람들의 발길이 뚝 끊기다 보니 상인들은 그나마 기온이 치솟기 전인 오전에만 잠시 장사를 하거나, 아예 여름철 장사를 포기한 곳도 있었다고 합니다. 게다가 2018년 여름에는 폭염이 무려한 달 가까이 이어지면서 매출이 반토막 났다며 전통시장 상인들이 답답한 마음을 토로하기도 했죠.[20]

이른바 가왕으로 불리는 조용필의 〈여행을 떠나요〉라는 노래의 가사 일부를 잠깐 소개하려고 합니다.

푸른 언덕에 배낭을 메고

황금빛 태양 축제를 여는

광야를 향해서 계곡을 향해서

먼동이 트는 이른 아침에

도시의 소음 수많은 사람

빌딩 숲속을 벗어나 봐요.

가사가 참으로 낭만적이면서도 현재의 우리 상황과 비교하면 씁쓸하기 그지없습니다. 폭염 때문에 우리는 소음과 빌딩으로 가득

20. YTN, 〈기록적인 폭염에 발길 끊긴 전통시장...상인들 한숨만〉, 2018.8.2. 보도 내용 참조

한 답답한 도시를 떠나고 싶어도 도시 속으로 더욱더 깊숙이 들어갈 수밖에 없게 된 셈이니까요. 에어컨 빵빵한 빌딩 숲속으로 여행을 떠나야 하는 시대가 된 것입니다.

잠깐만

여름방학 동안 가족과 함께 어디로 휴가를 떠날지 계획을 세우는 것은 늘 설레고 행복한 일입니다. 사람들이 선호하는 휴가지 순위에서 늘 꼭대기를 차지했던 바닷가에 2018년에는 사람들의 발걸음이 크게 줄었다고 합니다. 수온이 올라서 미지근해진 바닷물과 햇빛에 달궈져 맨발로는 밟을 수조차 없는 뜨거운 백사장 때문이었다고 하는군요. 특히 수온의 상승으로 우리의 해양 생태계도 많이 바뀌어 가고 있다고 합니다. 여러분이 어른이 된 이후, 미래의 여름휴가는 어떤 모습일지 친구들과 함께 상상해 보면 어떨까요?

잠 못 드는 밤, 지긋지긋한 무더위와의 사투

24절기 중 겨울에는 밤이 제일 긴 절기인 동지가 있고, 여름에는 낮이 제일 긴 절기인 하지가 있습니다. 잘 알다시피 여름은 일 년 중에서 밤보다 낮이 가장 긴 계절입니다. 기나긴 낮 동안에는 인정 사정 볼 것 없이 내리쬐는 태양의 위세로 인해 높은 기온을 유지하게 되죠. 하지만 해가 지고 나면 그래도 조금은 선선해집니다. 우리나라의 여름도 보통은 밤이 되면 기온이 어느 정도 내려갔습니다. 그런데 더위가 너무 심한 날에는 해가 지고 나서도 훈훈한 열기가 계속 이어지며, 한밤중이 되어도 여전히 후덥지근하죠.

열대야, 우리를 각성 상태로 이끌다

낮 동안의 더위가 밤에도 계속 이어지는 것을 가리켜 열대야(熱帶夜)라고 합니다. 이는 일본의 기상 수필가가 쓰면서 우리나라에도 들어온 용어입니다. 우리나라 기상청에서는 저녁 6시부터 다음날 9시까지 최저기온이 섭씨 25도 이상인 경우를 열대야로 정의하고 있습니다. 기상자료개방포털(data.kma.go.kr)에 따르면 2018년 열대야 일수는 17.7일입니다. 이전까지의 평균이 5.3일인 것과 비교하면 3배가 훌쩍 넘는 수치라고 할 수 있죠.

열대야 속에서는 사람들이 쉽게 잠을 이루지 못합니다. 왜냐하면 지나치게 높은 온도로 인해 신체의 온도조절 중추가 흥분하게 되면 일종의 각성 상태를 이끌어 내기 때문이라고 합니다. 일반적으로 수면을 취하기에 가장 좋은 온도는 섭씨 18~20도인데, 이를 벗어나게 되면 우리 몸은 지속적인 각성 상태를 유지하려고 합니다. 결과적으로 자고 싶어도 쉽게 잠을 이루기 어려워지는 거죠.

잠이 보약이라는 말이 있습니다. 열대야로 인해 잠을 이루지 못하는 나날이 지속되면 피로가 쌓이고, 건강에도 안 좋은 영향을 미칠 수밖에 없습니다. 또 겨우 잠이 들었다고 해도 자주 뒤척이다가 도로 깨거나 깊은 잠에 이르지 못하는 경우가 많기 때문에 잠을 자고 일어나도 아침이면 몸이 영 개운하지 않고 뻐근한 느낌이 남아 있을 수 있죠. 숙면을 취하지 못하면 우리 몸은 낮 동안

전국 평균 열대야 일수

연도	연 합계	연도	연 합계
1973	6.6	1996	6.2
1974	1.3	1997	6
1975	6.3	1998	6.1
1976	2.6	1999	2.4
1977	3.5	2000	4.6
1978	9.4	2001	6.5
1979	4	2002	3.2
1980	0.6	2003	1.4
1981	5.4	2004	4.6
1982	2.4	2005	5.7
1983	6.4	2006	5.7
1984	6.6	2007	7
1985	4.6	2008	6.6
1986	1.8	2009	2.9
1987	2	2010	12.7
1988	2.9	2011	6.4
1989	2.3	2012	10.2
1990	6.5	2013	15.9
1991	3.9	2014	3.3
1992	5.1	2015	4.9
1993	0.2	2016	10.8
1994	17.7	2017	10.8
1995	9.6	2018	17.7

평년	5.3

※자료: 기상자료개방포털(data.kma.go.kr)

쌓인 피로를 제대로 해소하지 못해서 온종일 졸리고 무기력한 상태를 경험하는 악순환에 빠질 수 있습니다.[21]

열대야를 이기고 꿀잠을 자기 위한 대책은?

앞서 폭염으로 인해 우리의 피서 문화가 달라지고 있다는 이야기를 했습니다. 열대야 속에서 잠을 이루지 못하는 사람들은 아예 잠자리를 박차고 일어나 밤에 집 밖으로 나가서 시간을 보내기도 합니다. 즉 심야에 에어컨이 빵빵한 카페, 극장, 쇼핑몰을 찾아서 시간을 보내는 '올빼미 실내 피서족'이 늘어나고 있는 것입니다. 물론 하루 이틀 정도는 그렇게 시간을 보내도 몸에 큰 무리야 없겠지만, 그러한 생활이 반복되면 결국 신체리듬이 무너지게 됩니다. 밤에는 잠을 푹 자는 게 건강을 위해서나 낮 동안의 에너지 넘치는 생활을 위해서도 바람직할 것입니다.

어쩌면 폭염이 이대로 계속된다면 언젠가는 우리의 신체도 바뀔 수 있습니다. 예컨대 열대지방 사람들의 경우 연일 30도가 넘는 기온 속에서도 큰 지장 없이 숙면을 취할 수 있다고 합니다. 아마도 오랜 세월 몸이 더위에 익숙해져서 이에 적응한 결과일 것입

....
21. 《더사이언스타임즈》,〈잠 못 이루는 '열대야'…숙면 취하려면?〉, 2007.8.1. 내용 참조

니다. 인체가 일정 기온에 계속해서 노출되다 보면 언젠가는 온도 조절 중추가 해당 기온에 최적화되어 더 이상 각성을 일으키지 않고 편안한 상태로 느끼게 된다고 합니다. 하지만 그러한 신체 변화는 하루아침에 일어나지 않습니다. 우선은 열대야 속에서도 숙면을 취할 수 있는 다양한 방법을 찾아보는 것이 좋겠죠?

잠깐만

열대야 속에서 꿀잠을 자기 위한 TIP

- 지나치게 높은 베개는 피하고, 너무 차가운 바닥에서 자지 않는다.
- 잠들기 전에 스트레칭이나 가벼운 산책으로 근육을 이완시켜 준다.
- 아무리 덥다고 해도 잠들기 직전에 찬물로 샤워를 하면 체온의 상승을 부추길 수 있으니 피한다.
- 부득이하게 냉방기를 켜고 잘 때는 바람이 직접 몸에 닿지 않고 벽을 향하게 한다.
- 잠들기 직전까지 텔레비전이나 스마트폰을 보는 습관은 피하고, 잠깐이라도 명상을 해본다.
- 카페인이 들어간 탄산음료 대신에 물로 갈증을 해소한다.
- 이 모든 실천을 통해서도 여전히 잠이 오지 않으면 과감히 침대에서 벗어나 집중이 많이 필요하지 않은 가벼운 활동을 해본다.

유난스러운 폭염에 들썩이는 밥상 물가

앞에서 폭염이 우리 인간은 물론 농작물이나 가축에 입히는 피해도 매우 심각한 수준이라는 것을 살펴보았습니다. 폭염 피해로 인해서 농작물 생산, 가축 공급, 어획량 등에 차질이 생기면 결국 우리의 밥상 물가에도 큰 영향을 미칠 수밖에 없겠죠.

특히 2018년은 7월부터 8월까지 장기간 폭염이 이어지면서 농·축·수산가에서 입은 피해가 실로 막대했습니다. 특히 쌀과 고춧가루와 같은 농산물과 각종 야채의 가격이 급등했는데, 시금치의 경우는 한 달 사이에 두 배 가까이 가격이 치솟았다고 합니다.

극심한 폭염과 물가 상승

통계청에 따르면 과거에도 더위가 장기화되면 추석 물가가 상승했다고 합니다. 특히 한여름 더위가 길고 무더울수록 가을 차례상에 올려야 할 물품들을 중심으로 가격이 상승하게 되죠. 실제로 폭염이 극심했던 지난 2018년 7~8월 평균 소비자물가는 전년 대비 1.4퍼센트 상승했는데, 특히 채소와 과실의 물가 상승률이 상대적으로 두드러졌습니다.[22]

특히 2018년 8월 말을 기준으로 차례상에 올라가는 과일, 축산물의 물품 가격은 급상승했습니다. 폭염뿐만 아니라 기습폭우와 같은 이상기후로 인해서 무름병과 같은 식물 병해가 많아 수확량이 많이 떨어졌고, 과일들은 뜨거운 햇살에 햇빛 데임까지 일어나 생산량이 크게 감소했기 때문이라고 합니다.

폭염은 먹거리들의 가격만 올린 것이 아닙니다. 비단 식료품뿐만 아니라 교통이나 숙박 부분에서도 전반적으로 물가가 상승한 것으로 나타났습니다. 이로 미루어 볼 때, 폭염이 장기화되면 일반적인 연평균 물가 상승률에 비해 물가가 더 높아진다는 것을 잘 알 수 있습니다.

....
22. 소비자 물가지수, 통계청(송성환·박혜진·김용렬, "농촌현장 폭염피해 현황과 대응 방안", 한국농촌경제연구원, 2018에서 재인용)

2015~2018년 주요 농축수산물 7~8월 평균 소비자물가지수(2015=100)

품목별	2015	2016	2017	2018	전년대비 등락률 (%)
총지수	100.2	100.8	103.0	104.5	1.4
곡물	99.9	91.4	85.5	106.6	19.8
쌀	100.0	89.3	80.2	107.0	25.1
채소	102.3	103.7	121.0	122.0	0.8
시금치	140.3	167.4	192.7	215.1	10.4
무	138.9	117.3	177.6	214.4	17.1
양배추	111.9	93.7	144.5	188.3	23.3
배추	131.4	168.9	179.8	181.1	0.7
고구마	122.6	105.0	116.4	145.5	20.0
당근	108.4	107.1	118.3	141.4	16.3
과실	101.1	95.7	115.7	116.1	0.3
수박	99.5	101.7	119.9	135.5	11.5
포도	106.2	98.5	123.0	130.7	5.9
복숭아	103.4	98.5	101.9	117.6	13.3
축산물	101.9	105.8	114.7	109.6	-4.6
국산쇠고기	99.5	116.2	113.0	115.8	2.5
돼지고기	106.3	104.4	115.1	111.7	-3.0
닭고기	98.4	96.4	101.5	101.1	-0.4

※자료: 소비자물가지수, 통계청(송성환 · 박혜진 · 김용렬,
"농촌현장 폭염피해 현황과 대응 방안", 한국농촌경제연구원, 2018.에서 재인용)

치솟는 물가에 흔들리는 민심

폭염으로 인한 물가 상승이 더욱 심각한 이유는 이것이 비단 여름철만의 문제로 끝나지 않는다는 점입니다. 왜냐하면 폭염으로 인한 작물의 피해는 그 이후의 물가에도 지속적으로 영향을 줄 수밖에 없으니까요.

예컨대 2018년 4분기 우리나라의 식품 물가 상승률은 전년도에 비해 5.1%가 올라 경제협력개발기구(OECD) 회원국 가운데 최고 수준이었던 것으로 나타났습니다. 세부적으로 살펴보면 빵 및 곡물, 과일, 채소 및 해조류가 많이 올랐죠. 기획재정부 관계자 역시 "기록적인 폭염으로 인해 채소와 과일을 중심으로 작황이 나빠졌고, 일부 축산물 폐사 등이 발생하면서 식품 물가를 높인 측면이 있다."고 분석했습니다.[23]

아르바이트를 하는 청소년도 있기는 하지만, 아직은 경제 활동보다는 학업에 매진하는 청소년 여러분에게 물가는 별로 중요한 관심사가 아닐 수도 있습니다. 하지만 여러분의 부모님들은 물가에 예민할 수밖에 없죠. 특히 장을 보러 나갈 때면 훌쩍 오른 물가를 체감하게 됩니다. 매월 들어오는 수입은 거의 똑같은데 치솟는

23. 《매일경제》, 〈111년만의 폭염에 작년 4분기 韓밥상물가 상승률 OECD 2위〉, 2019.2.23. 기사 참조

폭염과 가뭄, 폭우 등 기상이변은 식물 병해를 일으키는 주요 원인이 됩니다. 이로 인해 수확량이 크게 감소할 수밖에 없습니다. 이는 곧 물가에 고스란히 반영됩니다.

물가에 주머니가 홀쭉해지면 어쩐지 마음도 야박해지기 마련입니다. 나아가 민심도 흉흉해질 수밖에 없죠.

 그래서 정부는 늘 물가를 안정시키기 위해서 다양한 노력을 기울입니다. 유별난 폭염이 휩쓸고 간 2018년에도 정부는 폭염 때문에 치솟은 물가와 민심을 안정시키기 위해서 8월 30일에 '추석 민생안정대책'을 발표하기도 했습니다. 추석을 앞두고 국민들에게 조금이나마 물가와 생계 부담을 덜어주기 위함이었죠. 특히 추석 성수품의 수급 가격 안정과 함께 중소 및 영세 기업에 대한 지원, 취약 계층을 위한 지원 등에 초점을 맞추었습니다.

 그럼에도 불구하고 아직까지는 필요한 지원이 많이 부족한 형편입니다. 똑같은 충격이 가해져도 이에 대비할 여력이 상대적으로 부족한 소외 계층의 피해는 더욱 클 수밖에 없습니다. 안타깝지만 이것이 현실이죠. 앞으로 정부가 소외 계층에 대한 지속적인 지원을 할 수 있으려면 더 많은 사람들이 이들의 처지와 아픔에 관심을 기울여야 합니다.

정책은 다수가 원하고 바라는 방향으로 조금씩 흘러가는 것입니다. 우리가 외면하는 순간 그들에 대한 사회적 관심도 점점 더 멀어질 것이고 그들 또한 사회에서 점점 더 소외될 수밖에 없습니다. 소외된 사람들이 많은 사회는 결코 행복한 사회가 될 수 없겠죠. 타인의 아픔에 관심을 갖고 공감하는 사람들이 좀 더 늘어났으면 하는 바람입니다.

잠깐만

폭염으로 인해 눈앞에서 공들여 키운 작물이 말라죽고, 애지중지 관리해 온 가축들이 병에 걸려 쓰러진다면 어떤 마음일까요? 더위로 인해 양식장에서 폐사한 고기들이 바닷물에 둥둥 떠오른 모습을 뉴스로 시청하는 사람과 현장에서 발을 동동 구르며 직접 지켜보는 사람의 마음이 똑같을 수는 없을 것입니다. 중요한 것은 일단 관심을 갖는 것이 아닐까요? 내가 누군가의 아픔과 고통에 관심을 기울이지 않는다면, 훗날 나의 아픔에 아무도 관심을 기울여 주지 않을지도 모릅니다.

제발 반바지 입고 출근하게 해주세요!

폭염은 어른들의 출근 옷차림 문화도 바꾸어 놓고 있습니다. 그나마 여성 직장인들은 시원한 원피스나 반바지, 미니스커트 등 여름철에 입을 수 있는 의상의 선택 폭이 넓은 편이지만, 남성 직장인들의 사정은 좀 다릅니다.

물론 요즘은 예전처럼 옷차림을 크게 제한하지 않고 자유롭게 허용하는 직장도 많이 늘어나기는 했습니다. 하지만 한여름에도 여전히 업무상 양복과 셔츠, 넥타이를 착용해야 하는 직장인들도 상당수인 게 현실이죠. 정해진 교복을 입어야 하는 학교에서도 푹

푹 찌는 여름이면 긴바지 대신에 반바지 교복을 입고 싶어 하는 남학생들이 제법 있을 것입니다.

예의바른 복장 VS 시원한 복장

실제로 무더위가 사납게 기승을 부리다 보니 체감 더위라도 조금이나마 덜어 볼 마음에 평일 직장에도 시원한 반바지 차림으로 출근하고 싶다고 요구하는 직장인들이 늘고 있다고 합니다. 2018년 8월 1일 수원시공무원노동조합 익명 신문고에는 "남자 직원입니다. 너무 더워서 반바지 입고 출근하고 싶어요. 그래도 되는 거죠?"라는 글이 올라왔습니다.

이 글은 순식간에 700여명이 조회할 정도로 수원시청 내부에서도 큰 관심을 끌었죠. 여성 공무원들을 비롯해서 여러 지지하는 댓글들이 달리기도 했지만, 반면에 "반듯한 복장을 착용하고 민원인을 대해야 하기 때문에 반바지를 입고 일하는 것은 부적절하다고 생각한다."라며 반대하는 댓글도 달렸다고 합니다.[24] 그뿐만이 아닙니다. 청와대 국민청원 게시판에도 '국민들이 더운 날씨 때문에 지쳐 가고 있다'며 "남성 직장인들도 반바지를 입고 출근하게

....
24. 《국민일보》, 〈남직원입니다. 반바지 입고 출근해도 되나요?〉, 2018.8.5. 기사 참조

해주세요!"라는 제목의 청원 글까지 올라오기도 했습니다.

공무원 사회는 여러 가지 면에서 아직까지도 다른 직업군에 비해서 다소 보수적인 편입니다. 복장 규정도 마찬가지였죠. 하지만 조금씩 변화의 움직임이 나타나고 있습니다. 예컨대 서울시청의 경우 2005년부터 업무효율을 높이고 에너지도 아끼자는 차원에서 노타이에 이어서 반바지와 샌들까지 허용하는 시원한 차림을 권장해 왔습니다. 한시적으로 6월부터 8월까지는 반바지에 샌들차림으로 출근할 수 있도록 캠페인, 즉 홍보를 한 적도 있고요.

특히 2012년에서는 서울시장이 직접 환경의 날 기념 '쿨비즈 패션쇼'에서 반바지 차림으로 나서면서 적극적으로 홍보하기도 했습니다. 쿨비즈는 시원하다(cool)와 업무(business)의 합성어로 여름철 간편한 옷차림으로 근무하는 것을 뜻합니다. 수원시청에서도 앞서의 익명 신문고에 의견이 나오기 5년 전인 2013년에 시장이 SNS를 통해서 쿨비즈를 제안했죠.

민간 기업으로는 삼성전자, SK, 하이닉스 등에서 임직원의 반바지 차림을 자율화했습니다. 또 실내업무가 많은 IT 기업의 경우 반바지 문화가 많이 확산되기도 했죠. SK텔레콤의 경우 시원한 복장으로 사진을 찍어서 회사 인터넷에 올리면 상품을 주는 방식으로 쿨비즈를 유도하는 행사까지 벌였다고 합니다. 공기업이지만 한전은 전력을 담당하는 기관이기 때문에 전력 사용을 줄이자는 뜻에서 내근직들은 복장을 자유롭게 풀어줬고요.[25]

옷차림만 바꿔도 절약되는 전기가 무려…

사회 전반에서 쿨비즈를 옹호하는 여론은 점점 더 확산되고 있습니다. 하지만 권위와 격식을 중시하는 기존 공무원 사회의 문화뿐만 아니라 일반 기업에서도 여름철 쿨비즈가 완전히 정착되기까지는 아직 어려운 부분이 많습니다. 조직 내에서 쿨비즈 문화를 수용하더라도 외부의 고객과 만날 때는 단정한 정장 차림을 원하는 이중적인 문화가 분명 존재하기 때문이죠. 혹시 여러분도 들어 보았을지 모르지만, 디제이 디오씨(DJ DOC)라는 그룹이 1997년에 발표한 '디오씨와 춤을'이란 노래 중에는 다음과 같은 가사가 등장합니다.

청바지 입고서 회사에 가도

깔끔하기만 하면 괜찮을 텐데

여름 교복이 반바지라면

깔끔하고 시원해 괜찮을 텐데…

이 노래가 나온 지 무려 20년이 더 지났습니다. 강산이 두 번 바뀌도록 긴 시간이지만, 아직까지 우리 사회에는 노랫말에 담긴 바람

....
25. 자유아시아방송, 〈폭염 속 남성의 반바지 출근, 양산 쓰기 논쟁〉, 2018.8.8. 참조

이 완벽하게 이뤄지지는 못한 것 같습니다. 그래도 점점 더 많은 기업에서 쿨비즈를 허용하고 있고, 각 학교에서도 고정관념을 버리고 실용성과 쾌적함을 살려 여름 교복을 반바지로 허용하는 곳이 점차 늘어나고 있다고 합니다.

매년 우리나라는 여름철만 되면 과도한 냉방 기기의 사용으로 인한 전력 소비 문제와 높은 전기요금 부담으로 늘 시끌시끌해지곤 합니다. 전력의 과도한 사용은 비단 비용 문제로만 머물지 않습니다. 이는 도시를 더욱더 뜨겁게 만드는 주요 원인이 되고 있을 뿐만 아니라, 환경 문제와도 직결되기 때문에 결코 대강 보아 넘길 수 없습니다.

쿨비즈는 개인적인 편안함도 있지만 전력 사용량을 줄이는 사회적인 효과도 분명히 있기 때문에 장기적으로 볼 때, 예의에 지나치게 얽매인 현재의 의복 문화를 고집해야 할 이유는 딱히 없어 보입니다.

실제로 이웃나라인 일본의 경우 '쿨비즈'로만 해마다 약 7천만 킬로와트를 절약하는 효과를 얻고 있다고 합니다. 이를 계산하면 25만 가구가 한 달간 쓰는 전력 사용량을 줄이는 효과에 맞먹는다고 하니 실로 놀라운 수준입니다. '쿨비즈'를 실시했을 때와 하지 않았을 때를 비교하면 10퍼센트의 전력 사용량 차이가 있고요.[26]

....
26. 자유아시아방송, 〈폭염 속 남성의 반바지 출근, 양산 쓰기 논쟁〉, 2018.8.8. 참조

개개인의 옷차림을 변화시키는 것만으로도 에너지 낭비를 줄이고 세상을 좀 더 나은 방향으로 바꿔 가는 데 힘을 보탤 수 있다는 것이 참으로 놀랍지 않나요?

잠깐만

여러 중·고등학교의 교복 디자인들을 살펴보면 대체로 단정하고 깔끔한 스타일을 선호합니다. 그런데 단정한 것과는 별개로 어쩐지 여름에는 더울 것 같고, 겨울에는 다소 추울 것 같은 디자인이 많습니다. 게다가 신축성이 떨어지는 불편한 소재로 만든 것들이 대부분인데다가 한동안 교복을 몸에 꼭 맞게 줄여 입는 것이 유행하다 보니 더욱 불편해 보이기도 했습니다. 만약 여러분이 교복의 디자이너라면 어떤 스타일로 디자인하고 싶나요? 보기에도 깔끔하고 에너지도 절약할 수 있는 좋은 아이디어를 친구들과 함께 나눠 봅시다.

요즘엔 역세권보다 숲세권, 수세권이 대세지!

폭염은 우리가 먹고 마시는 식생활 전반에 커다란 영향을 미쳤을 뿐만 아니라, 우리의 옷 입는 스타일에도 변화를 가져오고 있습니다. 또한 그 변화는 앞으로도 계속 진행될 것으로 보입니다. 어쩌면 머지않은 우리 미래사회의 먹거리와 옷차림은 지금과 크게 달라질지도 모르죠.

그런데 그뿐만이 아닙니다. 폭염은 우리의 주생활(住生活)도 함께 바꿔 가고 있습니다. 예컨대 폭염은 선호하는 주거 지역을 바꾸는 데도 영향을 미치고 있죠.

뜨거워진 도시 온도를 낮춰라!

여러분은 혹시 역세권이란 말을 들어보았나요? 아마도 아파트 모델하우스의 현수막이나 지하철에 붙어 있는 아파트 분양 광고 같은 데서 보았던 기억이 있을 것입니다. 역세권이란 지하철역에서 5~10분 거리에 있는 지역을 말하는데, 교통 편의성과 접근성으로 인해 많은 사람들이 선호하는 주거 지역이기도 합니다. 따라서 역세권인지 여부는 현대사회에서 주거 지역의 부동산 가치를 좌우하는 주요 요인이 됩니다.

그런데 최근에 들어서는 숲세권, 수(水)세권이란 신조어가 생겨나고 있습니다. 무슨 뜻인가 하면, 지하철역에서 가까운 지역을 역세권이라고 부르는 것에 빗대어 숲에서 가까운 곳, 물에서 가까운 곳이란 뜻으로 붙여진 말입니다. 건설사에서도 아예 아파트 단지를 조성할 때부터 주민들이 휴식을 취할 수 있도록 단지 내에 숲과 물을 인공적으로 구현하고 또 이것을 홍보에 적극 활용하기도 하죠.

그렇다면 왜 최근 들어 이런 말들이 부쩍 유행하고 또 사람들이 주목하게 된 걸까요? 이 또한 폭염과 연결시켜서 생각해 볼 수 있습니다. 열섬효과라는 말이 있습니다. 이 말은 도시의 변두리에 비해서 도시의 중심부에 기온이 훨씬 높게 나타나는 일종의 열섬과 같은 고온 지역이 만들어지는 현상을 뜻합니다. 그렇다면 왜 이런

속보입니다! 어제 서울 낮 기온이 기상 관측 사상 최고치를 기록했습니다.
폭염은 앞으로도 당분간 계속될 예정입니다.

열섬이 만들어지는 걸까요? 그 원인은 주로 도시 지역 내의 인공열이나 대기 오염 등에 의해 큰 영향을 받는다고 하는군요.

이처럼 도시는 교통량도 많고 고층빌딩들이 밀집해서 안 그래도 열기가 빠져나가기 어려운 구조인데, 여기에 무지막지한 폭염까지 더해진 것입니다. 폭염 때문에 평균적인 여름 기온을 크게 웃도는 날씨가 장기간 계속되자 안 그래도 뜨거운 도심은 그야말로 용광로처럼 펄펄 달궈지고 말았죠. 그래서 도시 온도를 조금이라도 낮춰 보기 위해 빌딩 가득한 도심 속에서도 자연을 느낄 수 있는 환경을 조성하려는 노력이 이루어지게 된 것입니다. 왜냐하면 숲이나 공원 등 주거지 주변에 풍부한 녹지가 형성되어 있을 경우 도심 열섬효과를 막는 역할을 해주기 때문이죠.[27]

삭막한 산간 지역이 미래사회의 주거지로 떠오른다!?

유럽 사람들은 여름이면 도시를 떠나 한가로운 휴양지에서 한 달 가까이 기나긴 여름휴가를 즐기는 사람들이 꽤 많다고 하는데요. 최근 들어 우리나라도 형편만 허락된다면 여름에 아예 도시를 떠나 여름만이라도 선선하고 쾌적한 지역에서 보내고 싶다고 말하

....
27. 《리얼투데이》, 〈기록적 폭염, 숲과 물이 있는 친자연적 아파트가 '보배'〉, 2018.8.16. 참조

는 사람들이 많습니다.

대한민국 전체가 활활 타오르는 마당에 어디 시원한 곳이 남아 있을까 싶지만, 아직까지 산간 고지대는 조금 선선한 편이라고 합니다. 예컨대 대관령은 태백산맥의 대표적인 고개 중 하나로 높은 해발고도 때문에 우리나라에서 7월 평균기온이 가장 낮은 지역입니다. 그렇기 때문에 도시에 비하면 쾌적하고 시원한 여름을 보낼 수 있죠. 전국이 40도에 가까운 살인적인 불볕더위로 펄펄 끓었던 2018년 7월에도 대관령은 가장 온도가 높았던 날이 32.9도였습니다(7월 22일). 같은 날 서울은 최고기온이 무려 섭씨 38도까지 치솟았죠.

무엇보다 산간 지역은 앞서 언급한 열대야가 없다는 점이 최고의 장점 중 하나입니다. 앞서 저녁 6시부터 다음날 9시까지의 최저기온이 섭씨 25도 이상인 경우를 열대야라고 설명했습니다. 대관령은 우리나라에서 가장 많은 열대야 일수를 기록했던 2018년조차 단 하루도 열대야가 나타나지 않았죠. 앞서 언급한 7월 22일의 최저기온만 비교해 보더라도 대관령 17.2도, 강릉 28.1도, 서울 25.3도였고요.

사실 대관령을 비롯한 강원도 산간 지역은 그동안 주거 지역으로서 사람들이 큰 매력을 느끼지 못해 왔던 것이 사실입니다. 하지만 그 덕분에 무분별한 개발에서 소외되어 아직까지도 그나마 청정한 상태를 유지하고 있는 것인지도 모르죠. 폭염이 앞으로도 계속된다면 대관령을 비롯한 해발고도가 높은 강원도가 어쩌면 서울보다 더 매력적인 주거 지역으로 떠오를 수도 있지 않을까요? 하지만 사람들이 몰리면서 여러 편의 시설이 들어서고, 이곳저곳을 인위적으로 개발하기 위해 자연환경을 훼손시킨다면 이곳 또한 결국 폭염에 휩싸일지도 모르는 일입니다.

어떤가요? 더위는 생각보다 우리 생활의 많은 부분을 변화시키고 있다는 것을 실감했나요? 2장에서는 폭염으로 인해 바뀌고 있는 생활상의 변화를 좀 더 여러분에게 와 닿을 수 있는 사례들을 중심으로 이야기해 보았습니다. 하지만 라이프 스타일뿐만이 아니라 폭염은 여러 가지 심각한 사회문제들로 이어지기도 하죠. 이제부터는 우리의 시각을 조금 더 넓혀 보려고 합니다. 그래서 3장에서는 폭염과 사회문제가 왜 서로 깊게 연관되어 있는지에 관해 살펴보기로 합시다.

앞에서 우리는 폭염이 왜 이토록 극성을 부리고 있는지, 과거에 비해 대체 얼마나 더 더워진 것인지를 살펴보았어요. 그리고 이러한 폭염으로 인해 우리 생활 곳곳에서 여러 가지 눈에 띄는 변화가 일어나고 있음에 관해서도 살펴보았습니다. 여러분은 아직까지 학교와 가정의 그늘 아래에서 생활하고 있기 때문에 사회문제에는 그리 큰 관심을 기울이지 않을지도 모릅니다. 현대 사회에서 경제적인 빈부격차와 소외 등은 이미 큰 사회문제로 떠오르고 있습니다. 그런데 폭염은 이러한 문제들의 아픔을 가중시키고 있습니다. 마치 상처에 소금을 뿌리는 것처럼 말이죠.

CHAPTER 03

"나는 여름이 두려워요..."

폭염 때문에
더욱 슬픈 사람들

자연재해이면서
사회문제가 된
폭염

폭염으로 인해서 사람들이 사망할 수도 있다는 건 이미 앞에서 폭염이 일으키는 온열 질환과 관련해서 이야기한 바 있습니다. 그런데 모든 사람이 똑같이 폭염의 위험에 노출되는 것은 아닙니다. 이를 증명해 주는 사례를 하나 소개하려고 합니다.

1995년 7월, 미국 시카고에는 유례없는 폭염이 덮쳤습니다. 가장 더웠다는 7월 13일의 경우 무려 섭씨 41도, 체감온도는 48도까지 치솟았죠. 이 무시무시한 폭염으로 인해 7월 한 달 동안에 시카고에서만 700명 넘는 사람이 사망하고 말았습니다. 미국 전체로 봐서 1979년부터 1992년까지 13년간 열사병으로 죽은 이가 총 5,379명이었습니다. 통계적으로 지난 13년간 사망한 사람들의 13퍼센트가 넘는 사람들이 고작 한 달 만에 폭염으로 사망한 것이니 실로 엄청난 수치라고 할 수밖에요.

폭염에 대한 사회적 부검

뉴욕대학교 사회학과 교수인 에릭 클라이넌버그는 이 시카고 폭염으로 왜 그토록 많은 사람들이 사망했는지 그 원인을 사회학적으로 분석해서 2000년에 《폭염사회》[28]라는 책을 출간하는데요. 미국의 10대 신문 중 하나인 〈시카고트리뷴〉을 비롯해서 여러 언론에서 '올해의 책'으로 꼽혔고, 전미출판협회 사회학·인류학 분야 최고의 책, 영국사회학회 건강·질병 분야 최고의 책으로 선정되었습니다. 이것은 심지어 극작품으로 각색되어 연극 무대로 옮겨져 공연되기도 했죠.

그렇다면 과연 이 책의 어떤 부분이 그렇게 많은 사람들을 놀라게 한 걸까요? 700명이 넘는 사람이 폭염으로 사망했을 때, 당시 미국 해양대기청은 "1995년 7월 폭염의 주요 원인은 매우 강한 고

....
28. 이것은 국내에서 번역 출간된 제목이고, 이 책의 원제는 《Heat Wave》입니다.

기압 상층부의 기압마루와 매우 습한 대지의 조건이 우연히 동시에 발생하여 생성된 느리고 고온다습한 기단 때문이었다."고 원인을 발표했습니다.[29]

'기압마루'니 '고기압 상층부'니 하는 단어들을 다 이해할 수는 없다고 해도, 최소한 미국 해양대기청은 폭염 현상에 대해서 매우 무미건조하면서도 기상학적인 시각에만 의존해서 분석했다는 것을 짐작할 수 있을 거예요. 하지만 클라이넨버그 교수는 사회학자로서 사회적 부검을 통해 이 사건을 새로운 눈으로 다시 살펴봅니다. 클라이넨버그 교수는 의학적인 부검이 몸을 열어 사망의 직접적인 병리학적 원인을 찾아내는 것이라면 사회적 부검은 도시의 사회적 기관들을 조사하여 1995년 7월 수많은 시카고 주민을 죽음에 이르게 한 조건을 파악하는 것이라고 설명했죠.[30] 단지 자연재해로만 인식해 온 폭염 피해에 관한 국면 전환을 시도한 것입니다.

에릭 클라이넨버그 교수는 먼저 폭염 사상자의 73퍼센트가 65세 이상 노인이며, 민족 및 인종 집단별로는 아프리카계 미국인이 가장 높은 사망률을 기록한 현상에 주목했습니다. 또한 사회적 접촉이 거의 없이 혼자 외롭게 살고 있는 사람의 경우 사망률이 더 높았던 현상도 발견했죠. 만약 그들에게 사교모임이나 반려동물

....
29. 에릭 클라이넨버그, 《폭염사회》(홍경탁 옮김), 글항아리, 2018, 45쪽 참조
30. 에릭 클라이넨버그, 같은 책, 46쪽 참조

처럼 사회적인 접촉의 기회를 제공하는 그 무엇이라도 있었다면 사망률을 낮췄을 거라는 점을 다양한 자료를 근거로 밝혀내고 있습니다.[31] 사회 지원 단체의 부족한 자금과 인력 때문에 사회에서 고립된 채 집에서만 생활하는 노인들은 공식 지원 네트워크의 주변부로 밀려날 수밖에 없었던 것입니다.[32]

결국 사회에서 고립된 노인층과 사회 취약 계층에 속한 아프리카계 미국인들은 폭염이라는 자연재해에 대한 사회적 안전망의 사각지대에 있었기 때문에 다른 집단보다 사망률이 더 높았던 것이죠. 그럼에도 시카고 정치인과 행정관료들은 사회적 책임은 외면한 채 가족과 이웃에게 돌봄의 책임을 물으며 사망의 원인을 오롯이 개인에게 돌리기 바빴습니다.[33]

사회 시스템의 개선과 우리의 관심

그나마 다행인 점은 1995년 이후 시카고에서는 나름의 사회 시스템 개선을 위한 노력을 진행했다는 것입니다. 그래서 1999년 다시 한 번 폭염이 닥쳤을 때는 사뭇 달라진 결과를 보이게 되었죠.

....
31. 에릭 클라이넨버그, 같은 책, 101쪽 참조
32. 에릭 클라이넨버그, 같은 책, 269쪽 참조
33. 에릭 클라이넨버그, 같은 책, 301쪽 참조

구체적으로 어떤 노력이 이루어졌는지 한번 살펴볼까요? 우선 폭염의 위험을 알리는 소책자를 도시 곳곳에 비치하고, 언론에서는 여름철 기후의 위험성을 알리는 경보를 자주 발령했습니다. 또한 폭염의 위협만을 전담하는 웹사이트도 구축하고, 응급 의료 서비스를 관리하는 시스템을 개발했죠. 무엇보다 고립된 노인들의 연락망을 확장하고 노인 커뮤니티 센터를 활용함으로써 계절에 따른 생존 전략을 교육하는 등 고립된 노인과 취약 계층을 적극적으로 돌봤습니다.[34]

클라이넨버그 교수의 《폭염사회》는 400페이지가 넘는 두꺼운 책이지만, 연구자가 발로 뛰며 다양한 사람들과 사회기관을 만나며 폭염 현상에 대해 사회적 부검을 해나가는 모습을 흥미롭게 풀어 나간 책입니다. '폭염은 사회를 어떻게 바꿨나'라는 번역본의 부제처럼 자연 현상으로서 폭염이 연령, 인종, 계급이라는 사회적인 위치에 따라 어떤 변화를 만들어 내는지 볼 수 있는 훌륭한 책이라고 생각합니다.

미국 질병관리본부 연구자들의 연구 결과도 질병으로 인해 침대에 누워 있어야 했던 사람들, 에어컨 없이 지낸 사람들이 그렇지 않은 일반인들에 비해 폭염으로 인한 사망 위험이 3배 이상 높았다고 이야기합니다. 무엇보다도 앞서 언급된 것처럼 **사회적 고립**

....
34. 에릭 클라이넨버그, 같은 책, 380-381쪽 참조

이 폭염으로 인한 사망의 중요한 원인이 되었고요. 혼자 사는 사람들, 폭염을 피해 집을 떠나지 못한 사람들, 사회 활동을 하지 않은 사람들이 사망하는 경우가 많았던 거죠.

우리나라도 세계 어느 나라 못지않게 평균기온이 상승하고 있습니다. 오히려 더 빠르게 상승하고 있는 편이죠. 급기야 2018년에는 유례없는 지독한 폭염을 직접 경험하기도 했습니다. 앞으로도 정도의 차이는 있겠지만 폭염은 매년 계속해서 우리를 찾아올 것입니다. 그리고 폭염이 지나갈 때마다 우리 사회의 약자들은 취약한 시스템 안에서 폭염의 위험에 고스란히 노출될 수밖에 없습니다. 이로 인해 더 큰 고통을 경험하게 될 것이 분명합니다. 우리가 폭염을 단순히 자연재해가 아닌 사회문제로 인식해야 하는 이유입니다.

잠깐만

거동이 불편해서 혼자서는 집밖으로 쉽게 나올 수조차 없는 독거노인, 환기도 잘 되지 않는 무덥고 습한 지하에서 살고 있는 소녀소년 가장들… 우리가 폭염을 피해 어딘가에서 더위를 식히고 있을 때, 한편에서 생존을 위한 사투를 벌이고 있는 사람들이 우리 사회 곳곳에 아직 많이 있습니다. 당장 그들을 위해 뭔가를 할 수는 없을지라도 최소한 무관심한 태도는 갖지 않았으면 합니다. 왜냐하면 사회 변화는 관심에서 시작되니까요.

자본주의 사회의
차갑고
어두운 그림자

남들 다 가진 유행 아이템을 돈이 없어서 나만 갖지 못하면 무척 속상하겠죠? 그런데 유행은 고사하고 우리 사회에는 돈 때문에 생존을 걱정해야 하는 사람들이 있습니다. 한국전쟁 이후 눈부신 경제 성장을 이루어 낸 우리나라이지만, 여전히 사회 곳곳에는 복지 사각지대가 존재합니다. 게다가 그곳에 놓인 사람들은 무관심 속에서 점점 더 사회에서 소외되고 있습니다. 때로는 그들이 극단적인 선택을 함으로써 삶을 비극적으로 끝내면서 현대 자본주의 사회의 우울한 단면을 드러내기도 하죠.

취약 계층을 위한 우리나라의 사회 시스템 현황은?

사실 돈이 있으면 더위를 완벽하게 차단할 수 있는 구조로 집을 보수할 수도 있고, 또 전기요금에 구애받지 않고 하루 종일 에어컨을 시원하게 틀면서 최적의 기온과 습도를 유지하면 됩니다. 날씨가 너무 더워서 업무 효율이 떨어지면 일은 잠시 접어두고 여름이 끝날 때까지 날씨가 별로 덥지 않은 나라로 훌쩍 떠나서 편히 쉬면서 쾌적한 여름을 보내다가 올 수도 있겠죠.

하지만 그것은 경제적 여유만 있다고 해서 이루어질 수 있는 것이 아닙니다. 바쁘게 돌아가는 현대사회에서 시간적 여유까지 낼 수 있는 극소수에게만 가능한 꿈같은 이야기일 뿐이죠. 평범한 사람들조차 감히 엄두를 내볼 만한 현실적인 해결책은 아닌 것입니다. 특히나 선풍기조차 맘대로 쓸 수 없는 사회 취약 계층이라면 더 말할 필요도 없겠죠.

우리나라는 취약 계층이 폭염에 제대로 대비할 수 있는 사회 시스템이 어느 정도나 마련되어 있을까요? 솔직히 아직까지 우리나라의 사회 시스템은 곳곳에 빈틈을 드러내 보완이 절실히 필요한 실정입니다. 예컨대 동네마다 폭염을 피할 수 있는 '무더위쉼터'가 마련되어 있지만 이곳에 모이는 사람들은 제한적입니다. 거동이 불편한 어르신들은 혼자 집을 나와서 정해진 쉼터로 발걸음을 옮기는 것조차 쉬운 일은 아니니까요. 또한 가정방문과 안부전화도 실시하고 있지만, 폭염에 방치된 소외된 이웃들을 촘촘히 보살피기에는 곳곳에 구멍이 뚫려 있습니다.

폭염보다 무서운 상대적 박탈감

너무 더운 날씨 때문에 직장인들 중에는 전기요금이 무서워서 에어컨을 맘대로 틀 수 없는 집보다는 차라리 온종일 에어컨 바람 아래에 있을 수 있는 회사가 낫다고 말하며 야근을 자처하는 사람들도 있습니다. 하지만 이 또한 실내에서 근무하는 사람들에게나 한정된 이야기로 업무상 바깥에서 일하는 사람들에게는 그림의 떡 같은 꿈같은 이야기일 것입니다. 불덩이 같은 폭염 속에서도 반드시 외부에서 일해야만 하는 사람들도 많으니까요.

예를 들어볼까요? 실내 주차장의 주차요원, 건설 노동자, 길거리에서 전단지를 나눠 주거나 홍보를 하는 사람들, 폐지를 수집하는 노인들 등은 바깥 날씨에 고스란히 노출된 채 직접적인 영향을 받을 수밖에 없습니다. 이들에게 기나긴 폭염은 참으로 원망스럽기 그지없을 것입니다.

또한 실내에서 일을 하지만 열악한 환경에 노출된 사람들도 있습니다. 예컨대 많은 청소 노동자들이 변변한 냉방기 없이 마치 찜질방을 방불케 하는 지하 공간에서 겨우 휴식을 취하고 있다고 합니다. 게다가 더욱 안타까운 점은 그들 대부분은 행여 그마저도 일자리를 잃게 될까 봐 마땅히 고용주들에게 처우 개선을 요구하지도 못한 채 마냥 버틸 수밖에 없다는 것입니다.

그뿐만이 아닙니다. 강렬하게 내리쬐는 뙤약볕과 땅에서 솟구치는 열기로 인해 달궈질 대로 달궈진 도로와 자동차 안에서 하루 종일 있어야 하는 운전사들이나 에어컨 실외기가 밤낮없이 내뿜는 지독한 열기를 참아내면서 건물 외부에 매달려 작업을 해야 하는 사람들도 있습니다. 이들 모두는 더위가 주는 불쾌감이나 짜증을 넘어 건강의 위협, 심각한 경우 생존까지 위협받고 있죠.

특히나 더위가 가중될수록 사회적 약자에게 폭염은 더욱 가혹하게 느껴집니다. 이미 생활 전반에서 충분히 상대적 박탈감을 느끼며 살아가고 있는데, 폭염으로 인해 이러한 박탈감이 더욱 무겁고 잔인하게 느껴질 테니까요.

우리가 이미 1장에서 살펴본 온열 질환자의 경우에도 다음의 표와 같이 65세 이상 고령자에서 인구 10만 명당 질환자 수가 급격히 올라가고 있어요. 더불어 2011~2017년의 온열 질환자 중에서 농업 현장에서 사망한 비율은 전체의 45.3퍼센트(34명)에 달했죠.

이처럼 폭염은 취약 계층에게는 상대적 박탈감을 가중시킬 뿐만 아니라, 나아가 생존마저 위협할 만큼 두려운 현상입니다. 더위가 사회 구성원 누군가의 생명을 위협하는 수준이라면 그것은 더 이상 어느 개인의 문제로만 해석할 수 없습니다. 우리 국민의

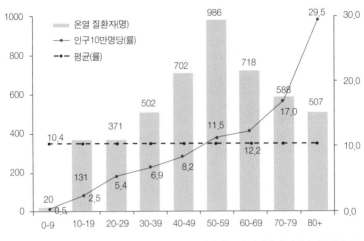

온열 질환자 및 인구10만 명당 발생률

※자료: 보건복지부, 〈질병관리본부, '온열질환 응급실 감시체계' 가동!〉, 2019.5.16.

생명권을 위협하는 대상에 대해서는 한층 체계적인 사회 대책이 마련되어야 마땅합니다. 우리가 함께 머리를 맞대고 고민해야 하는 이유이기도 합니다.

──── 잠깐만 ────

여러분은 폭염을 사회문제로 보는 시각에 동의하나요? 만약 동의한다면 어떤 측면에서 그렇게 생각하는지 그리고 우리 사회에서 이 문제를 어떻게 풀어 가면 좋은지 함께 토론해 봅시다.

살인적인
폭염 아래에서
일하는 사람들

앞에서도 잠깐 언급했지만, 강렬한 태양이 내리쬐고 기온이 사정없이 치솟는 한낮 폭염에 고스란히 노출된 채 외부에서 작업을 해야만 하는 사람들이 있습니다. 예컨대 철거 현장에서 일한다거나 낡고 망가져서 수리가 시급한 건물이나 도로, 편의 시설 등을 보수한다거나, 지저분해져서 시야를 가리는 대형건물의 유리창을 청소한다거나, 집을 새로 짓는다거나 하는 등은 모두 실내에서는 할 수 없는 일들이죠. 그런 업무를 수행하는 분들은 대체로 우리가 좀 더 편안하고 쾌적하게 생활하는 데 기여하는 중요한 역할을 담당하고 있습니다. 하지만 그들이 맡고 있는 중요한 업무에 비해서 처우는 참으로 열악한 편입니다.

기본 수칙조차 잘 지켜지지 않는 실제 노동 현장

고용노동부는 다음과 같이 폭염특보가 발령되면 반드시 노동자들에게 물, 그늘, 휴식을 제공함으로써 열사병 등 온열 질환을 막기 위한 조치를 취해야 한다고 하고 밝히고 있습니다.

하지만 안타깝게도 실제 노동 현장에서는 이러한 기본 수칙조차 제대로 지켜지지 않는 경우가 수두룩하다고 합니다. 이런저런 규칙을 다 지키다 보면 아무래도 일의 진행 속도나 효율이 크게 떨어진다는 것이 주된 이유라고 하는군요.

2018년 7월 17일 한 기자가 이틀째 폭염경보가 내렸던 어느 건물 철거 현장에서 만난 노동자 분의 이야기를 들어보았습니다. 그분의 이야기에 따르면 오전 7시에 출근해서 오후 3시까지 한 시간가량 점심식사를 한 것 말고는 쉰 적이 없다고 합니다. 이유를 들어보니 "철거 현장은 시끄럽다는 등의 민원이 워낙 많이 들어와서 빨리 치고 빠져야 하기 때문에 쉬고 말고 할 시간이 없다."는 거였죠. 일하는 현장에 그늘이라곤 철거 현장을 겨우 가린 천막 왼편에 진 그늘이 전부였고요. 철거 현장 노동자는 "만약 거기 가만히

물, 그늘, 휴식 열사병 예방을 위한 3대 기본수칙 이행가이드

물	• 시원하고 깨끗한 물이 제공되어야 합니다. • 규칙적으로 물을 마실 수 있도록 하세요.
그늘	• 근로자가 일하는 장소에서 가까운 곳에 그늘진 장소를 마련하세요. • 그늘막이나 차양막은 햇볕을 완전 차단할 수 있는 재질을 선택하세요. • 시원한 바람이 통할 수 있게 하세요. • 쉬고자 하는 근로자를 충분히 수용할 수 있어야 합니다. • 의자나 돗자리, 음료수대 등 적절한 비품을 놔두세요. • 소음·낙하물, 차량통행 등 위험이 없는 안전한 장소에 설치하여야 합니다.

휴식	• 폭염특보 발령 시 1시간 주기로 10~15분 이상씩 규칙적으로 휴식할 수 있어야 합니다.
	  ☞ 특보 종류에 따라 휴식시간을 늘려야 합니다. 예를 들어 폭염주의보(33℃) 발령 시에는 매 시간당 10분씩, 폭염경보(35℃) 발령 시에는 15분씩 휴식하도록 합니다.
	• 같은 온도 조건이라도 습도가 높은 경우에는 휴식시간을 더 늘려야 합니다. (땀 증발이 되지 않아 온열 질환 발생 가능성이 더욱 높아지기 때문입니다.)
	  ☞ 기상청에서 제공하는 열지수나 더위체감지수를 활용하여 휴식시간을 조정하세요. (기상청 홈페이지(www.kma.go.kr)에서 날씨〉생활환경〉지수〉열지수)
	• 신규 입사자의 경우 열 적응을 위해 더 많은 휴식시간을 배정하세요.
	• 이와 같은 휴식은 반드시 작업을 중단하고 쉬는 것만을 의미하지 않습니다. 가장 무더운 시간대에 실내에서 안전보건교육을 하거나 경미한 작업을 함으로써 충분히 생산적 시간이 될 수 있습니다.

※자료: 고용노동부, "열사병 예방 3대 기본수칙 이행가이드", 2017

서 있다가는 철거하면서 날아온 돌에 맞는 수가 있다."고 이야기 했습니다. 실제로 기자가 현장을 취재를 하는 동안에도 느닷없이 주먹보다 큰 돌이 날아와 땅에 툭 떨어졌다고 합니다.[35]

....

35. 《한겨레》, 〈폭염 속 현장노동자 '시간에 15분 휴식'지키고 있나요?〉, 2018.7.18. 기사 참조

활짝 웃고 있는 인형탈 속에 감춰진 슬픈 얼굴

공사 현장 말고도 우리 사회 곳곳에는 폭염의 위험에 위태롭게 노출되어 있는 노동 현장이 많이 있습니다. 청소년 여러분이 좋아하는 놀이공원도 예외는 아닙니다.

여러분 대부분에게 놀이공원은 신 나는 놀이기구와 맛있는 먹거리 그리고 흥미진진한 볼거리가 넘쳐나는 생각만으로도 스트레스가 싹 달아나는 즐거운 공간일 것입니다. 특히 놀이공원 하면 떠오르는 것 중 하나는 동화책이나 애니메이션에서 본 주인공이나 동물들처럼 꾸미고 돌아다니는 각종 캐릭터들입니다. 놀이공원에 가면 사계절 내내 곳곳에 귀여운 표정의 다양한 캐릭터들이 돌아다니면서 아이들과 사진을 찍어 주기도 하면서 동심을 자극하죠. 사실은 모두 인형탈을 뒤집어쓴 채 귀엽게 연기하는 직원이나 아르바이트생이기는 하지만요.

무더위가 기승을 부렸던 2018년 8월, 한 놀이공원에서 실제로 있었던 일입니다. 폭염 속에서 무거운 인형탈을 쓴 채 공연하던 아르바이트 직원이 그만 열사병으로 쓰러지고 말았습니다. 하지만 회사는 당장 119 구급대를 불러주기는커녕 "잠시 누워 있으면 괜찮다."며 행여나 말이 외부로 새 나가지 않도록 쉬쉬하며 주변 직원들의 입단속을 시키는 데만 급급했죠.

결국 쓰러진 알바생은 상태가 더 나빠진 1시간이나 지난 뒤에

야 간신히 병원으로 옮겨졌습니다. 쓰러졌던 직원은 회복한 뒤에 이렇게 이야기했습니다. "호흡이 안 돼서 약간 비틀비틀했다고 해야 되나, 그렇게 하다가 쓰러진 것으로 기억나거든요. 온도가 너무 뜨거워서 제가 너무 힘들었어요."

물론 놀이공원 측에도 할 말은 있었습니다. 놀이공원 관계자에 따르면 실내 온도는 26도를 유지했다고 합니다. 하지만 엄밀히 말해서 이는 놀이공원을 방문한 고객에게만 해당되는 사항이었죠. 인형탈 아르바이트 직원들은 무거운 가면에다가 두꺼운 털옷을 입고 털장갑에 털신발까지 착용해야 하므로 체감온도는 더욱 높아질 수밖에 없는 게 당연했습니다.[36]

앞서 표(110쪽)로 제시한 고용노동부의 〈열사병 예방 3대 기본 수칙 이행가이드〉에도 나오듯이 폭염특보 발령 시 1시간 주기로 10~15분 이상씩 규칙적으로 휴식할 수 있어야 합니다. 하지만 이런 원칙은 관례적으로 현장에서는 제대로 적용되지 않고 있는 것입니다. 실제로 수많은 노동자들이 위험에 별다른 안전망 없이 노출되어 있는 셈입니다. 대체로 업무의 효율이나 고객 만족 서비스 등의 이유를 앞세우면서 말이죠.

하지만 생명을 위협할 정도의 더위를 참아내면서 일하는 것이 과연 업무 효율로 이어질 수 있을까요? 아울러 그러한 위험을 감

....
36. MBC, 〈롯데월드, 인형탈 아르바이트생 의식 잃자 '쉬쉬'〉, 2018.8.13. 보도내용 참조

수하면서 제공한 서비스가 과연 고객에게 감동을 줄 수 있을지도 의문입니다. 무엇보다 인간의 생명보다 중요한 것은 없다고 하는 측면에서도 하루 빨리 이러한 위험천만한 관습은 시정되어야 하지 않을까 생각합니다.

···· **잠깐만** ···

놀이공원에 가면 만나는 캐릭터 인형들은 놀이공원의 상징과도 같습니다. 또 길을 걷다 보면 한여름 뜨거운 태양 아래에서 무거운 인형 가면을 쓴 채 춤을 추거나 전단지 같은 홍보자료를 나눠 주는 사람들도 볼 수 있죠. 만약 여러분이 놀이공원의 책임자 또는 인형탈 아르바이트생을 고용한 사업주라고 가정해 봅시다. 여러분이라면 이들의 고용과 처우에 관련해서 어떤 제안을 할 수 있는지 자유롭게 이야기해 봅시다.

쪽방촌의 여름 나기는 겨울보다 차갑고 잔인하다

신영복 선생님의 옥중서간 《감옥으로부터의 사색》을 보면 이런 구절이 나와 있습니다.

없는 사람이 살기는 겨울보다 여름이 낫다고 하지만 교도소의 우리들은 없이 살기는 더합니다만 차라리 겨울을 택합니다.

청소년 여러분이 접할 수 있는 교도소의 생활은 대부분 영화나 드라마 같은 데서 묘사된 것이 거의 전부일 거라고 생각합니다. 교도소는 일정 기간 사회와 단절된 상태에서 과거에 지은 죄를 뉘우치고 다시 사회로 돌아갈 수 있도록 교화하는 시설입니다. 그러니 고급 호텔 같은 쾌적한 환경을 기대할 수는 없겠죠.

그런데 교도소의 여름나기는 유독 힘겨운 모양입니다. 독방이 아닌 이상 교도소 안에서는 좁은 공간에 여러 명의 사람들이 모로 누워 칼잠을 자야 합니다. 냉방기도 없이 좁은 잠자리에서 서로 거의 붙어 있다 보면 옆 사람은 단지 섭씨 37도의 열을 뿜어내는 뜨끈뜨끈한 열 덩어리처럼 느껴질 것입니다. 그렇게 붙어 있다 보면 어느덧 자신과 가장 가까이에 있는 사람을 미워하게 되겠죠. 이 책에서 신영복 선생님은 여름철의 교도소 나기를 겨울철에 옆 사람의 체온으로 추위를 이겨 나가는 원시적 우정과는 극명한 대조를 이루는 형벌 중의 형벌이라고 표현했을 정도입니다. 더위 그 자체로 일종의 형벌이 된 셈이죠.

우리가 몰랐던 쪽방촌의 여름 풍경

역대 최고기온을 거듭 갈아치우며 사나운 폭염이 기승을 부렸던 2018년 여름을 다시 한 번 떠올려 볼까요? 어느 기자가 취재했던 2018년 7월 24일의 모습을 여러분에게 소개하려고 합니다.

그 기자는 오전 11시, 약 900여명이 모여 살고 있는 동자동 쪽방촌을 방문했습니다. 주민자치조직인 '동자동 사랑방'에 걸린 온도계는 35도를 가리키고 있었죠. 아직 정오가 되기도 전인데 체감온도는 벌써 38도를 육박했습니다. 오전부터 벌써 더위에 지친 주민들은 건물 앞 문턱에 걸터앉아 찬물에 적신 수건을 목에 두르고있거나 연신 부채질을 하고 있었습니다. 기자는 가파른 시멘트 계단을 올라 맨 꼭대기에 2평 남짓한 기초생활수급자 분의 방을 찾았습니다. 거기에는 7년 만에 새로 샀다고 하는 45,000원짜리 선풍기가 놓여 있었죠. 그는 "선풍기 날개가 3개인데 아주 부드러워요. 여태 선풍기 바람도 못 쐬면서 지냈으니, (선풍기를) 보기만 해도 웃음이 나고 그래요."라고 이야기했습니다.

하지만 여러분도 잘 알다시피 선풍기만으로는 용광로 같은 폭염을 버텨 내는 데 역부족입니다. 그렇다면 음식은 어떨까요? 쪽방촌 주민은 다음과 같이 이야기했습니다. "기초생활수급자 신세지만 가끔 냉면 한 그릇쯤 사먹을 때도 있죠. 삼겹살은 1인분에만 원이 훌쩍 넘더라고요. 냉동 대패삼겹살을 사서 집에서 구워 봤는데, 어휴…. 못할 짓이에요."[37]

여러분 어떤가요? 상상만으로도 이미 숨이 턱턱 막히는 것 같지 않나요? 아니면 혹시 상상조차 어려울지도 모르겠군요. 이토록

37. 《경향신문》, 〈[더위가 재난인 사람들](2)두 평 방안에 선풍기 한 대…찜통 쪽방촌의 여름 나기〉, 2018.7.25. 기사 내용 참조

열악한 환경에서 과연 인간다운 삶이 가능할까요? 누군가에게는 더위가 인간다운 삶의 질마저 앗아갈 만큼 치명적입니다. 인권 보호 차원에서 이들에게 도움의 손길이 절실한 이유입니다.

취약 계층을 위한 무더위쉼터 현황

물론 우리 정부도 마냥 손을 놓고만 있는 것은 아닙니다. 이미 취약 계층을 위한 여러 가지 정책 사업을 진행하고 있습니다.

2018년 행정안전부에서는 지자체와 함께 무더위쉼터 관리를 강화하며 논·밭, 비닐하우스 등에 대한 마을·거리 방송 실시, 그늘막 등 폭염 저감시설의 설치 확대 및 행동요령 홍보를 집중적으로 추진했습니다. 2018년 6월 17개 시·도에 재난안전특별교부세 40억 원을 지원한 데 이어 7월에 추가로 60억 원을 지원했죠. 이 재난안전특별교부세를 통해 지자체에서는 그늘막, 물안개 분사기 등 폭염 저감시설 설치를 확대하고 무더위쉼터의 활성화 및 취약 계층 보호와 홍보 활동 등을 추진했고요. 또한 독거노인, 노숙인, 쪽방촌 등 취약 계층 보호를 위해 노인돌보미, 지역자율방재단 및 관련 시민단체를 적극 활용하고 열대야에 따른 무더위쉼터 운영 시간을 연장하도록 조치했습니다.[38]

특히 쪽방촌처럼 폭염에 취약한 지역에 거주하는 사람들을 위해 무더위를 피할 수 있도록 '무더위쉼터'를 지정해서 관리했죠. 노인시설, 복지회관, 마을회관, 보건소, 주민센터, 면·동사무소, 종교시설, 금융기관, 정자, 공원 등이 주로 지정되었습니다. 2018년 7월 24일 행정안전부의 공식 발표에 따르면 전국에는 4만 5,284곳의 무더위쉼터가 있습니다. 2018년 7월 30일에는 전국의 모든 은행 영업점 약 7,000곳이 무더위쉼터로 8월까지 한시 추가 지정되기도 했죠. 국민재난안전포털(http://www.safekorea.go.kr) 에서 지역 내 무더위쉼터가 어디인지 찾아볼 수 있습니다.

그럼에도 여전히 남아 있는 사각지대

정부의 노력에도 불구하고, 사각지대는 여전히 존재합니다. 안진걸 민생경제연구소장은 "쪽방촌 거주자들 중에는 혼자서는 거동조차 어려운 분들도 많기 때문에 단지 무더위쉼터를 지정하는 것만으로는 근본적인 대책이 될 수 없다."고 지적하기도 했습니다. 재가복지[39], 현장 리모델링, 임시 주거시설 등의 방안이 추가로 필요하다고 합니다. 또한 저소득층에 겨울에 에너지 바우처를 10만

....
38. 행정안전부, 〈행안부, 폭염 피해 예방을 위한 대책 강화〉, 2018.7.24. 보도자료
39. 노인·장애인 등의 집을 직접 방문해 간호, 목욕, 가사 지원 등을 제공하는 사회적 서비스

원 정도 주는데, 폭염기간에도 에너지 바우처를 줘야 한다는 주장도 제기되었죠.[40]

에너지 바우처란 에너지 취약 계층을 위해서 가구 인원에 따라 월 8만4천~12만1천 원 한도로 이용권을 지급하여 전기, 도시가스, 지역난방, 등유, LPG, 연탄을 구입할 수 있도록 지원하는 제도를 말합니다. 이에 2018년까지는 에너지 바우처 제도가 겨울에만 지급되었는데, 2019년부터 예산을 증액해서 여름에도 쓸 수 있도록 했습니다. 근본적인 해결책이 될 순 없겠지만, 삶의 질을 조금이라도 높이는 데 도움이 될 거라고 기대합니다. 우선은 시급한 불부터 꺼야 하겠지만, 미래에는 우리 사회가 취약 계층도 마음 놓고 여름을 날 수 있도록 조금씩 변화해 가기를 기대해 봅니다. 그러기 위해서는 우리 모두가 이 문제에 관심을 가져야 합니다.

.... **잠깐만** ....

여름은 누군가에게는 너무나 잔인하고 마음이 시린 계절입니다. 폭염 속에서 인간다운 삶을 보장받지 못하는 누군가가 존재한다면 그들의 괴로운 외침을 외면하지 않고 귀를 기울여 주는 것 그리고 함께 아픔을 공감하고 해결책을 마련하기 위해서 고민하는 것. 그것이야말로 모두 함께 잘 사는 세상을 만들어 가는 첫걸음이 아닐까요?

....

40. 《노컷뉴스》, 〈쪽방촌 주민 "무더위쉼터? 화장실도 겨우 기어갑니다"〉, 2017.8.3. 기사 내용 참조

폭염,
국민 분노 유발자로
등극하다

폭염이 분노도 일으킬까요? 여러분도 날씨가 너무 더울 때면 다른
때보다 별것 아닌 일에 짜증이 쉽게 나거나 뭔가 의욕도 좀 떨어
지는 것 같은 경험을 해보았을 것입니다. 그렇다면 더위는 부정적
인 감정과 어느 정도 상관관계가 있는 것이 분명한데, 구체적으로
폭염은 대체 우리를 어느 정도나 화나게 만들 수 있을까요? 이를
알아보기 위해서 먼저 불쾌지수(discomfort index)라는 개념을 이해
하면 좋을 것 같군요.

불쾌지수와 폭염

불쾌지수란 열과 습도의 영향을 결합한 지수입니다. 보통 불쾌지수가 68 이상이 되면 불쾌감을 느끼기 시작한다고 합니다. 더 나아가 불쾌지수가 75~80인 경우에는 사람들의 절반인 50퍼센트가 불쾌감을 느끼고, 80이 넘어가는 경우에는 거의 대부분이 불쾌감을 느낀다고 하는군요.

따라서 불쾌지수가 치솟는 날이면 옆에서 누가 아주 조금만 심기를 건드려도 '욱' 하거나, 짜증을 참을 수 없는 상태가 되기도 하죠. 사실 우리 인간은 매우 이성적인 존재 같아 보이지만, 조금이라도 본능을 위협받거나 제대로 충족되지 못하는 상황에 처하면 이성의 힘도 그만큼 약해지는 법이니까요.

우리나라의 여름은 기상이변으로 인한 폭염의 습격을 받기 전에도 예로부터 기나긴 장마를 거치면서 고온다습하여 후텁지근했습니다. 온도와 습도가 함께 치솟기 때문에 불쾌지수를 높이기에 딱 좋은 조건이었죠. 여기에 설상가상 폭염까지 덮치며, 2018년 우리나라 국민들이 체감하는 불쾌지수는 아마도 상상을 초월할 정도였을 것입니다. 뭔가로 명성을 떨치면 간혹 '국민'이라는 칭호를 붙이기도 하는데요. 악명으로만 따지면 폭염도 빼놓을 수 없을 것 같습니다. '국민 분노 유발자'로서 말이죠.

불쾌지수 단계별 대응 요령

단계	지수범위	대응 요령
매우 높음	80 이상	• 전원 불쾌감을 느낌 • 어린이, 노약자 등 더위에 취약한 사람들은 야외 활동을 자제함 • 에어컨, 제습기, 실내 환기 등을 통해 실내 온습도를 조절하거나 무더위쉼터 등으로 이동하여 휴식 • 수분을 미리 충분히 섭취
높음	75 이상 80 미만	• 50% 정도 불쾌감을 느낌 • 어린이, 노약자 등 더위에 취약한 사람들은 12~5시 사이에는 야외 활동을 자제하거나 가벼운 옷 입기 • 에어컨, 제습기, 실내 환기 등을 통해서 실내 온·습도를 조절함 • 지속적으로 수분을 섭취함
보통	68 이상 75 미만	• 불쾌감을 나타내기 시작함 • 어린이, 노약자 등 더위에 취약한 사람들은 야외 활동 시 가벼운 옷을 입기 • 수분을 충분히 섭취함
낮음	68 미만	• 전원 쾌적함을 느낌

※ 자료: 기상청 날씨누리(web.kma.go.kr)

불쾌지수가 높아지면 어떤 일들이 생길까요? 불쾌지수가 높은 날에는 평상시라면 그저 대수롭지 않게 지나갈 수 있는 일조차 예민하고 짜증스럽게 받아들이기 쉽습니다. 예컨대 출퇴근길에 복잡한 지하철에서 다른 사람과 살만 살짝 맞닿거나 가방을 부딪칠 경우에도 인상을 쓰거나 기타 짜증 섞인 반응을 하는 경우를 종종 볼 수 있습니다. 평상시 같으면 붐비는 지하철에서 그냥 늘 있는 일이거니 하면서 넘길 수 있는데도 말이죠.

폭염, 범죄율을 높이다

높은 불쾌지수로 야기된 불쾌감과 짜증이 그저 개인적인 감정 문제로만 그칠까요? 그건 아닌 것 같습니다. 여러 연구에서 타인에게 위해를 가하는 실제 범죄 사건으로도 이어질 수 있다는 결과들을 보고하고 있으니까요.

이윤호 동국대학교 경찰행정학과 교수는 날씨와 범죄 사이의 연관성을 검토한 다양한 연구 결과에서 "기온과 범죄는 높은 상관관계가 있다는 결과가 도출되고 있다."고 했습니다. 특히 불쾌지수가 높을수록 폭력, 살인, 강간, 강도 등 폭력적인 범죄가 증가하는 것으로 나타나고 있다고 합니다.[41]

이는 비단 우리나라에만 국한된 현상은 아닙니다. 외국으로 눈을 돌려보면 2013년 미국 캘리포니아 버클리대학교 연구팀이 과학저널 《사이언스》에 발표한 보고서에서도 우리나라의 연구와 비슷한 결과를 보여주니까요. 이 보고서에서도 미국은 기온이 섭씨 3도 올라갈 때마다 폭력 범죄 발생 가능성이 2~4퍼센트 높아진다고 밝히고 있습니다.[42]

영국의 경우에도 런던경찰청에서 2010년 4월에서 2018년 6월

....

41. 이윤호 · 김연수, "날씨 및 요일특성과 범죄발생의 관계분석". 한국범죄심리연구, 6(1): 207-238, 2010.
42. 《일요시사》, 〈'폭염이 부른'짜증범죄 백태〉, 2018.7.24. 기사 참조

까지의 자료를 통해서 폭력 범죄의 경우 섭씨 20도가 넘었을 경우 섭씨 10도 미만일 때에 비해서 14퍼센트가 증가했다는 결과를 발표하기도 했죠. 또 멕시코의 경우에는 16년간의 범죄 자료를 분석한 결과 기온이 1도 상승하면 범죄율이 1.3퍼센트 상승한다고도 밝혔습니다.[43]

이처럼 폭염은 우리의 짜증과 분노를 일으키는 데 그치지 않고, 범죄율도 높이는 데도 깊은 영향을 주고 있는 것입니다. 개인적으로 감히 21세기를 대표하는 좀비 영화로 꼽는 〈28일후〉(2002년작)라는 영화를 보면 침팬지들이 '분노 바이러스'에 감염된 후 이것이 인간에게도 전염되면서 사회 전체가 걷잡을 수 없이 무너지는 모습이 그려집니다. 앞으로 폭염으로 인해 불쾌지수가 더욱 치솟는다면 영화만큼은 아니지만 폭력 범죄가 더욱 많이 일어날 가능성이 높아지지 않을까요?

최근 우리 사회에는 과거에 비해 흉악한 범죄 비율이 높아지고 있습니다. 때로는 과연 인간이 저지른 범죄가 맞나 의심스러울 만큼 끔찍한 뉴스가 세상에 전해지기도 합니다. 더더욱 우려스러운 점은 본인과 인과관계가 전혀 없는 불특정 대상을 희생양으로 삼는 소위 '묻지마 범죄'가 늘고 있다는 점입니다. 이런 현상을 바라보면 혹시 우리 사회가 전반적으로 분노를 조절하는 능력을 잃어

....
43. 《BBC코리아》, 〈폭염: 폭염에 범죄율이 느는 이유〉, 2018.7.19. 기사 참조

가고 있는 것은 아닌지 걱정이 되기도 합니다. 특히 폭염은 평범한 사람들의 분노마저 부추기는 만큼 우리 사회의 안전성을 저해한다는 측면에서 크게 우려하지 않을 수 없습니다.

잠깐만

여름철 기온이 몇 도 이상 올라가면 폭염 재난문자가 발송됩니다. 노약자나 어린이, 임산부 등은 특히 야외 활동을 자제하고 충분한 수분을 섭취하며 휴식을 취하라는 등의 내용을 담고 있죠. 그런데 만약 폭염이 범죄율을 높이고, 앞으로 혹시 폭염이 더욱 심해진다고 가정하면 재난문자의 내용이 어떻게 바뀔 수 있을지 여러분이 재난문자의 발송 담당자라면 어떤 문구로 발송할지 한번 상상력을 발휘해 봅시다.

무더운 날씨보다 심각한 건 시스템의 문제

인간이 아무리 만물의 영장이고, 수많은 지구 생명체들의 피라미드 꼭대기에 위치한 지배자라고는 하지만, 대자연 앞에서는 한낱 나약한 존재에 불과합니다. 과학기술이 크게 발달한 현대사회에서도 태풍, 지진, 해일, 화산 폭발 등의 자연재해는 아직 우리 인간을 가장 큰 두려움에 떨게 만들죠. 이제는 '폭염' 또한 우리를 두렵게 하는 자연재해 중의 하나가 되었습니다. 끝없이 치솟는 기온 앞에서 그저 냉방 기기 아래에 숨은 채 하루빨리 여름이 지나가기를 바라는 것 말고는 할 수 있는 게 별로 없으니까요.

예고된 재난, 폭염

폭염으로 인한 피해는 자연재해이기도 하지만, 한편으로는 피해가 예상되는 가운데도 이를 막을 수 있는 시스템을 제대로 갖추지 못한 것이므로 엄연한 인재이기도 합니다. 황승식 서울대학교 보건대학원 교수는 "기후변화로 매년 찾아오는 폭염은 이제 '예고된 재난'이므로 사망자를 줄이기 위한 실질적인 대책이 마련되어야 한다."라고 얘기합니다.

폭염 취약층이 앞서 살펴봤듯이 주로 사회적으로 고립되고 병든 노인층, 스스로 움직이기 어려운 장애인, 에어컨 같은 냉방 시설을 갖추지 못한 사회 취약 계층과 외국인 노동자 등 우리 사회의 어두운 곳과 거의 일치한다는 것은 이미 많은 연구 결과를 통해서 증명되고 있습니다. 그렇다면 이제는 행동이 필요할 때입니다. 뻔히 알고 있으면서 더 이상 그대로 방치해서는 안 된다는 뜻이죠. 지자체를 중심으로 이들 위험 집단에 대한 한층 적극적인 관리가 필요하다는 주장입니다.

이와 관련되어 황승식 교수는 구체적인 대안을 제시하기도 했습니다. 예컨대 7~8월 두 달간 머물 수 있는 임시 거주지를 마련한다거나 자원봉사자를 이용한 고립계층 방문과 보건 서비스 등을 강화하는 등의 대안이었죠. 또 전국적으로 "물을 많이 마시고 야외 활동을 피하세요!"와 같은 상투적이고 획일적인 구호만 외칠 것이 아니라 도시와 농촌 등 지역에 따라, 질환 유무에 따라 차별화된 대책을 마련하는 등 취약 계층을 찾아가는 한층 적극적인 대책이 필요하다고 강조했고요.[44]

폭염이 바꿔 가는 법과 제도

실제로 폭염은 우리 사회의 법과 제도를 조금씩 바꿔 가고 있습니다. 앞서도 언급한 바 있지만 '에너지 바우처 제도'도 종전에는 겨울에만 적용되었던 데 반해, 2019년부터는 여름에도 취약 계층에 적용되게 되었죠. 또한 폭염은 「재난 및 안전관리기본법」의 내용도 바꾸었습니다. 이 법은 각종 재난으로부터 국민들의 생명 및 재산을 보호하기 위한 목적으로 국가와 지방자치단체의 재난에 대한 예방 및 대비 복구 등의 활동을 규정하고 있습니다. 여기에서 재난이란 '국민의 생명·신체·재산과 국가에 피해를 주거나 줄 수 있는 것'으로 정하면서 자연재난과 사회재난을 들고 있죠. 자연재난에는 태풍, 홍수, 지진 등이 있고요.

그런데 2018년 기록적인 폭염이 발생한 이후부터 자연재난에 폭염이 추가되었습니다. 앞에서도 설명했지만, 폭염으로 인해 수

....
44. KBS뉴스, 〈폭염 사망자 통계는 '반쪽짜리'…"실제는 3배 이상"〉, 2018.9.12. 보도 참조

많은 피해자가 발생하였습니다. 하지만 과거의 「재난 및 안전관리기본법」에 따른 자연재난에는 폭염이 포함되어 있지 않았기 때문에 그동안 피해자 지원이나 구제 등이 제대로 이루어질 수 없었죠. 이에 자연재난에 폭염을 추가하고, 2018년 7월 1일 이후 발생한 폭염 등 자연재난에 의한 피해자에 대해서도 보상할 수 있도록 정한 것입니다. 조금 늦은 감이 없지 않지만, 당연한 조치라고 생각합니다.

물론 아직은 좀 더 개선해 나가야 할 부분들이 많이 있습니다. 그럼에도 하나씩 뭔가 변화를 시작해 나간다는 것은 분명 의미 있는 일입니다. 앞서 1995년 미국 시카고에서 폭염으로 인해서 700명이 목숨을 잃은 이후에 개선을 위한 적극적인 노력이 이루어진 덕분에 1999년 다시 한 번 폭염이 닥쳤을 때는 사뭇 달라진 모습을 보였다고 이야기했었죠?

우리 인간은 기억을 하고 기록을 하며 과거의 실수를 반복하지 않도록 개선해 나갔기에 지금의 문명을 이뤄 낼 수 있었던 것입니다. 지구 온난화로 인한 기후변화는 그저 일회성 현상이 아니라 장기적으로 예측되는 현상입니다. 그렇다면 앞으로도 다소 정도의 차이는 있겠지만 매년 폭염이 예상되고, 이로 인해서 사회적 약자들은 계속해서 큰 피해를 볼 것이 불을 보듯 뻔합니다. 그렇다면 이제 우리는 어떻게 해야 할까요? 당연히 함께 이겨 낼 수 있는 방법을 계속 연구하고 찾아 나가야 하지 않을까요?

자, 그럼 이제부터 우리도 시야를 좀 더 넓혀 전 지구적인 시각으로 이 문제를 한번 바라보면 어떨까요? 폭염은 중간에도 계속 언급되었듯이 우리나라만의 문제는 아닙니다. 그래서 마지막 4장에서는 전 세계에서 이 문제를 어떻게 바라보고 있고, 또 해결하기 위해 어떤 노력을 기울이고 있는지에 관해서 살펴보려고 합니다.

이제 우리는 폭염이 우리 사회를 어떻게 바꾸고 있는지 알게 되었습니다. 그리고 여러분이 잘 실감하지 못했던 폭염으로 인해 나타나는 여러 가지 심각한 피해 상황에 대해서도 살펴보았죠. 폭염은 단순한 기후 문제에 그치지 않고, 사회문제와 밀접한 관계가 있다는 것과 폭염으로 인한 피해는 사회의 소외 계층에게 더욱 가혹하게 다가온다는 점도 함께 살펴보았습니다. 사실 자연 현상을 인력으로 완전히 통제하기는 어렵습니다. 하지만 우리가 머리를 맞대고 고민한다면 적어도 폭염 피해를 최소화할 수 있는 여러 가지 방법을 마련할 수 있지 않을까요? 이에 마지막 장에서는 앞으로 우리가 더 나은 세상을 만들기 위해 어떤 노력을 기울여야 하는지를 중심으로 살펴보려고 합니다.

CHAPTER 04

"우리 함께 고민해 봐요!"

기후변화를 대하는
우리들의 자세

지구 종말까지
앞으로 남은 시간…
2분

《6도의 멸종》을 쓴 마크 라이너스는 앞서도 설명했지만 책에서 지구의 온도가 1도 올라갈 때마다 이것이 우리 인류에게 어떤 위협적인 상황을 초래하는지에 관해서 이야기합니다. 하지만 그는 단지 예상되는 비극에 관해서만 이야기한 것은 아닙니다. 무엇보다 앞으로 변화를 위해 우리의 적극적인 노력이 필요하다는 것을 강조하고 있죠. 즉 우리 인류가 지구와 함께 비극적 운명을 맞이하느냐 아니면 새로운 희망을 발견하느냐는 어떻게 보면 우리 모두의 노력과 선택에 달려 있는 것입니다.

함께 힘을 모으면 많은 것이 달라질 수 있다

2008년에 세계는 크나큰 금융위기에 빠집니다. 2007년 미국의 2위 서브프라임 모기지[45] 대출회사의 파산신청을 시작으로 초대형 모기지 회사들이 줄줄이 도산하면서 미국의 금융시장에서 시작된 금융위기는 우리나라를 포함해서 유럽 등 전 세계로 퍼져 나갔습니다. 1929년 세계를 덮쳤던 경제 대공황에 맞먹을 만큼 전 세계에 엄청난 경제적 혼란을 일으킨 사건이었죠. 하지만 2조 달러라는 천문학적인 구제 금융으로 극복할 수 있었습니다. 2조 달러는 당시 전 세계 GDP의 2퍼센트에 달하는 돈이며, 전 세계 국방비와도 맞먹는 수치였다고 하죠. 마크 라이너스는 이 액수를 기후변화 대응체제를 수립하는 데 쓴다면 어떨까 제안합니다.[46]

마크 라이너스가 책에서 강조하듯이 미래는 우리가 어떻게 노력하는지에 따라서 바뀔 수 있습니다. 다만 이를 위해서는 심각성을 인식하고 변화를 위한 움직임을 확산해 나가야만 하죠. 〈핵과학자회보(Bulletin of the Atomic Scientists)〉는 2019년 1월 24일 세계 '종말 시계(Doomsday Clock)'가 현재 밤 11시 58분을 가리키고 있다고 발표했습니다. 만약 자정이 되면 이는 지구의 종말을 의미하기 때문에 현재 우리는 실로 절박한 순간을 살아가고 있다고 할

....
45. 부동산을 담보로 하는 대출을 말함
46. 마크 라이너스, 《6도의 멸종》(이한중 옮김), 세종서적, 2014, 12쪽 참조

수 있죠. 인류의 종말을 위협하는 2대 과제로 기후변화와 핵이 꼽히고 있습니다.[47] 종말까지는 이제 고작 2분이 남아 있을 뿐입니다. 더 이상 꾸물거릴 시간이 없다는 뜻입니다.

사실 많은 사람들이 환경 문제로 인한 기후변화를 알면서도 애써 외면해 왔습니다. 특히 세계에서 큰 목소리를 낼 수 있는 선진국들도 행여나 자국 기업들의 성장 동력을 꺾게 될까 봐 우려한 나머지 이 문제에 대해서는 소극적인 모습을 보이며 별다른 목소리를 내지 않았던 거죠. 모두가 자국의 경제 성장과 이익에만 관심을 기울이는 동안 지구는 빠르게 병들어 갔고, 이제 그 피해를 고스란히 우리 인류에게 돌려주려 하고 있습니다.

이제는 한목소리를 내야 할 때

이제는 우리 모두가 문제의 심각성을 깨닫고 행동에 나서야 할 때입니다. 2016년 제88회 아카데미 시상식에서 무려 5수 끝에 영화 〈레버넌트〉로 남우주연상을 수상한 레오나르도 디카프리오는 영광의 순간에 수상의 감격과 함께 다음과 같이 기후변화를 언급하며 다시금 세계인의 경각심을 이끌어 내기도 했죠.

....
47. 기후변화센터, "기후변화와 대응을 위한 특별한 변화", 2019

"25년, 세계는 역사상 가장 더웠던 한 해를 겪었습니다. 기후변화는 현실입니다. 지금 이 순간에도 일어나고 있습니다. 전 인류와 동물을 위협하는, 가장 긴급한 사안이며 지금 그 방책을 마련해야 합니다. 지구의 존재를 당연하게 여기면 안 됩니다."

이러한 용기 있는 목소리는 비단 디카프리오와 같은 세계적인 유명 인사들만 내야 하는 것이 아닙니다. 물론 그들의 한 마디가 발휘하는 영향력은 대단하지만, 그보다는 우리 한 사람 한 사람의 목소리와 생활의 변화가 더더욱 중요한 때입니다. 한 사람의 힘은 미약할지 몰라도 함께 힘을 합치면 누구도 상상할 수 없는 엄청난 힘을 발휘할 수 있으니까요.

····· **잠깐만**

디카프리오와 같은 할리우드 배우들의 한 마디는 대중에게 엄청난 힘을 발휘합니다. 하지만 유명 인사가 아니라도 소신을 떳떳하게 밝힌다는 것은 중요합니다. 평범한 한 사람 한 사람의 힘이 모일 때 어쩌면 한 명의 유명 인사보다 더 엄청난 영향력을 발휘할 수 있을지 모르니까요. 아무리 마음속에 올바른 생각을 가지고 있다고 해도 표현하지 않는다면 의미가 반감될 수 있습니다. 지구를 위해서 어떤 방식으로 여러분의 목소리를 세상에 드러낼 수 있을지 함께 고민해 보았으면 합니다.

인류는 탄소문명에서 벗어날 수 있을까?

'온실효과'라는 말을 한번쯤 들어보았을 것입니다. 여러분은 혹시 실제 온실에 들어가 본 적이 있나요? 도심에서는 쉽게 찾아보기 어렵지만, 부모님과 함께 식물원에 방문했을 때 들어가 본 경험이 있을지 모르겠군요. 바깥 기온이 서늘하고 차가울 때도 온실 안으로 들어가면 따뜻하고 훈훈한 공기를 느끼게 됩니다. 왜냐하면 온실 유리가 따뜻한 햇빛은 흡수하여 내부 공기를 따뜻하게 데우고, 반대로 따뜻하게 데워진 공기는 도로 바깥으로 나가지 못하도록 차단해 주기 때문이죠.

온실효과의 두 얼굴

태양빛이 땅에 내리쬐면 땅이 이 열기를 흡수하면서 온도가 상승합니다. 그러면 공기도 함께 데워지게 됩니다. 땅에서 나온 복사에너지가 빠져나가지 못한 채 흡수되면 에너지가 대기에 남아서 기온이 올라가게 되죠. 이처럼 대기가 마치 온실의 유리벽 같은 역할을 하면서 복사에너지가 빠져나가지 못하도록 흡수함으로써 기온이 상승하는 현상을 온실효과라고 하는 것입니다.

현재 일어나고 있는 지구의 기온 상승은 이러한 '온실효과'와 긴밀한 연결고리가 있습니다. 하지만 그렇다고 온실효과 자체가 무조건 나쁜 것은 아닙니다. 왜냐하면 온실효과 덕분에 지구의 기온이 차갑게 식어 버리지 않고 일정한 온기를 유지할 수 있는 것이니까요.

태양이 지구 표면을 비추면 표면은 뜨거워지고 지구는 열에너지를 내뿜기 시작합니다. 만약 이 열에너지가 모두 지구 밖으로 빠져나가 버린다면 낮과 밤의 온도변화가 급격해져서 밤이 되면 엄청난 추위를 느껴야 했을 것입니다. 하지만 이 열에너지가 모두 우주로 빠져나가지 못하게 수증기, 이산화탄소, 그 외의 다른 기체들이 떠돌면서 흡수하기 때문에 지구는 차갑게 식지 않고 적당한 온기를 유지할 수 있는 것입니다. 마치 온실 유리창이 햇빛을 받아들인 후에 일정한 열을 내부에 잡아두는 것처럼 말이죠.

온실효과의 원리

이렇듯 자연적인 온실효과는 지구에 악영향을 미칠 게 전혀 없습니다. 그런데 문제는 산업혁명 이후부터 시작되었죠. 산업 발전의 동력이 되는 화석연료를 중심으로 한 에너지 사용량이 급증함에 따라 인류는 점점 더 많은 이산화탄소를 대기 중으로 내보내기 시작했습니다. 그 결과 온실가스(GHGs: Greenhouse Gases) 농도가 빠르게 늘어나면서 온실효과가 지나치게 강해진 거죠.[48]

그렇다면 산업혁명과 비교해서 이산화탄소가 얼마나 늘어난 걸까요? 세계기상기구(WMO)는[49] 매년 온실가스 연보를 발표하며 이산화탄소 연평균 농도를 측정하고 있습니다. 2018년에 발표한

48. 롤란트 크나우어·케르스틴 피어링, 《내일 아침 99℃》(강혜경 옮김), 돌베개, 2016. 99-101쪽 내용 참조
49. 기상청 보도자료, 〈2017년 전 세계 이산화탄소 농도 사상 최고 기록〉, 2018.11.23.

온실가스 연보에서는 2017년 전 지구 이산화탄소의 연평균 농도는 405.5피피엠으로 산업혁명 이전(1750년 이전)과 비교했을 때 약 46퍼센트 증가한 것으로 나타났습니다. 우리나라는 안면도기후변화감시소의 관측 결과 412.2피피엠으로 나왔는데, 이는 전 세계 평균을 웃도는 수치입니다.

세계기상가구(WMO)에서는 이산화탄소를 지구온난화에 영향을 미치는 가장 중요한 온실가스 중 하나로 보고 있습니다. 온실효과를 통해 다시 열이 흡수되어 기후변화를 일으키는 영향력을 복사강제력이라고 하는데요. 2017년 기준으로 이산화탄소는 복사강제력의 66퍼센트를 차지하며, 지난 10년간 복사강제력이 증가하는 데 무려 82퍼센트나 기여한 것으로 나타났습니다.

이제 지구의 아픔에 귀 기울일 때

물론 산업 발전은 우리 인류에게 다채로운 생활의 편의와 풍요로움을 안겨 주었습니다. 일단 많은 이들을 굶주림의 걱정에서 벗어나 좀 더 다양한 활동에 고루 집중할 수 있게 해주었고, 싼값에 여러 가지 소비재들의 대량 생산이 가능해짐에 따라 우리의 생활도 한층 풍족해졌죠. 또한 다양한 교통수단이 발달해서 이제 아무리 먼 거리도 자유롭게 오갈 수 있게 되었습니다. 그 덕분에 지구 반대편에서 생산된 먹거리가 우리 집 밥상에도 올라오게 되었죠. 하지만 그 모든 것들이 대기 중에 이산화탄소를 사정없이 내뿜는 주요 원인이 되고 말았습니다.

우리 인류는 산업 발전이 주는 온갖 수혜들에 취한 나머지 너무나 오랫동안 환경 문제에 관해서는 애써 외면해 왔습니다. 때로는 '나 하나쯤이야…'하는 마음으로 나 이외에 다른 사람들은 관심을 가져주겠지 하는 마음을 가졌을지도 모릅니다. 지구는 하루아침에 병든 것이 아닙니다. 차곡차곡 아픔을 참으며 상처를 쌓아왔을 것입니다. 그리고 수십 년 전부터 우리에게 조금씩 통증을 호소하기 시작한 것입니다.

우리 자신은 물론 미래 세대를 위해서라도 더 이상 지구의 호소를 외면해서는 안 될 것입니다. 그렇다면 과연 인류는 탄소문명에서 벗어날 수 있을까요? 바로 다음 이야기에서 전 세계적으로 구체적으로 어떤 노력이 이루어지고 있는지 살펴보기로 합시다.

잠깐만

여러분은 혹시 '공유지의 비극'이라는 말을 들어본 적이 있나요? 생물학자인 개릿 하딘이 논문에서 밝힌 것인데 "공유 자원은 어떤 공동의 강제적 규칙이 없다면 많은 이들의 무임승차 때문에 결국 파괴된다."는 주장입니다. 지구의 환경오염과 관련해서 공유지의 비극에 관련된 사례들을 찾아서 함께 이야기해 봅시다.

파리기후협약, 지구의 온도를 낮춰라!

섭씨 40도를 웃도는 살인적인 폭염을 비롯해서 체감기온이 영하 70도까지 뚝 떨어지는 살떨리는 한파와 폭설, 지진과 해일, 폭우 등 세계 곳곳에서 일어나고 있는 심상치 않은 기상이변은 수많은 사람들의 재산과 목숨을 앗아가기에 이르렀습니다.

점점 더 많은 사람들이 기후변화에 주목하게 되었습니다. 그리고 이에 대한 반성과 원인을 규명하려는 노력이 이어졌죠. 그 결과 다행히 탄소문명에서 벗어나려는 노력 또한 조금씩 진행되고 있습니다.

인류, 땅속에서 탄소를 끄집어내다!

탄소 배출을 갑자기 줄인다는 것이 말처럼 쉽지는 않습니다. 왜냐하면 우리 인류의 발전과 탄소가 그만큼 밀접한 관계에 있기 때문이죠. 우리가 익히 알고 있는 산소가 생명을 유지하기 위해서 꼭 필요한 것이라면, 탄소는 문명 발전의 근간이 되었습니다. 사실 우리 인류가 불을 발견한 그 순간부터 이미 탄소는 인류의 삶과 떼려야 뗄 수 없는 중요한 존재가 된 것입니다. 특히 주요 에너지원이 되는 화석연료의 주성분 또한 탄소입니다. 만약 화석연료가 없었다면 산업혁명은 결코 성공을 거두지 못했을 것입니다.

지구상에서 탄소의 대부분은 화석연료 형태로 퇴적암 층에 갇혀 있거나 아니면 바닷물에 녹아 있었습니다. 나머지는 대기 중에 이산화탄소의 형태로 존재하죠. 앞서도 잠깐 설명했듯이, 대기 중의 이산화탄소는 농경사회부터 산업혁명 이전까지 수십만 년 동안 거의 변화 없이 0.2~0.3퍼센트 사이에 머물러 있었죠.

하지만 산업혁명 이후부터 모든 것이 달라지고 말았습니다. 우리 인류는 산업 발전을 위해 꼭 필요한 에너지원으로써 땅속에 화석연료로 갇혀 있던 탄소를 바깥세상으로 끄집어냈습니다. 그것도 아주 어마어마한 양을 말이죠. 그 결과 산업혁명 이전(1750년 이전)과 비교했을 때 현재 이산화탄소 농도는 약 46퍼센트나 증가하고 말았습니다.

온실가스를 감축하자!

지구의 희생을 담보로 인류는 결국 눈부신 성장을 이루어 냈습니다. 하지만 더 이상 지구의 일방적인 희생을 강요할 수 없는 지경에 이르고 맙니다. 폭염, 한파 등의 기상이변을 중심으로 지구가 본격적으로 자신의 한계치를 드러내기 시작했기 때문입니다.

혹시 텔레비전이나 인터넷 뉴스에서 파리협정(Paris Agreement)이라는 말을 접한 적이 있나요? 2015년 12월 각국의 대표들이 파리에 모여서 유엔 기후변화 회의를 가지고 지구 온난화를 줄이기 위해 서로 약속한 내용입니다. 회의의 폐막일인 2015년 12월 12일에 채택되었고, 2016년 11월 4일부터 포괄적으로 적용되는 국제법으로서 효력이 발효되었습니다.

물론 파리협정 이전부터도 전 세계적으로 지구의 온도가 높아지고 있는 상황에 대한 걱정의 목소리와 이를 해결하려는 노력은 이루어져 왔습니다. 1997년 12월 교토에서 열렸던 지구 온난화화 방지를 위한 회의였는데요. 회의의 내용을 살펴보면 지구 온난화를 막기 위해서 이산화탄소를 포함한 여섯 종류의 온실가스의 배출을 감축하며 배출량을 줄이지 않는 국가에 대해서는 비관세 장벽을 적용하도록 한 것입니다. 이것이 바로 앞서도 이야기했던 교토 의정서(Kyoto Protocol)입니다.

교토 의정서의 내용은 2005년부터 적용하기로 했고, 2008년부

터 2012년까지의 기간 동안에 선진국 전체의 온실가스 배출량을 1990년 수준보다 적어도 5.2퍼센트 이하로 감축할 것을 목표로 했죠. 우리나라 역시 2002년 국회에서 이 조약을 비준하였으나, 우리나라의 경우 개발도상국으로 분류되어 실질적인 온실가스 감축 의무는 없었습니다. 그 대신에 공통의무인 온실가스 국가통계 작성 및 보고 의무를 부담했죠.

하지만 안타깝게도 여러 나라의 노력에도 불구하고 결과적으로 큰 실효를 거두지는 못했습니다. 우선 2001년 미국이 교토 의정서를 돌연 탈퇴했고, 중국과 인도 등처럼 엄청난 온실가스를 배출하고 있는 나라들이 개발도상국으로 분류되어 온실가스 감축 의무를 부담하지 않았기 때문이죠.

선진국들에 한해서만 온실가스 감축 의무를 부여했던 '교토 의정서'와 달리 '파리협정'은 유엔기후변화협약(UNFCCC)의 당사국 모두에게 구속력을 발휘하는 첫 번째 기후 합의입니다. 2016년 제23차 기후변화당사국총회에서 195개국의 만장일치로 채택되었습니다. 또다시 미국이 2017년 6월 탈퇴 선언을 했음에도 불구하고, 여전히 세계 탄소 배출의 87퍼센트에 달하는 200여 개 국가가 이 협정에 동참하고 있죠.[50]

그렇다면 파리협정의 내용은 어떤 것들일까요? 우선 모든 나라가 지구적 재앙에 맞서기 위해서 힘을 모아서 지구의 평균온도 상승 폭을 산업화 이전 대비 2도 이하로 유지하고, 더 나아가 온도 상승 폭을 1.5도 이하로 제한하기 위해서 함께 노력한다는 것입니다. 여기에 동참하는 나라는 '국가별 기여방안(INDC)'이라는 온실가스 감축 목표를 스스로 정해서 국제사회에 약속하고 이 목표를 실천해야 합니다. 국제사회는 그 이행 여부에 대해서 공동으로 검증하고요. 우리나라도 세계 7위의 온실가스 배출국가로서 2030년까지 전망치 대비 37퍼센트의 온실가스 감축을 목표로 동참하고 있습니다.

--------- **잠깐만** ....

우리 생활 속에서 온실가스를 감축하는 데 도움이 될 만한 행동들은 무엇이 있을지 함께 생각해 봅시다! 그리고 하루 한 가지씩 직접 실천해 보면 어떨까요?

....
50. 그린피스, 〈위기에 빠진 북극곰 살리기, 지구 온난화의 원인과 해결방안〉, 2017.12.29.

깨끗한 에너지,
새로운 에너지에 대한
깊은 고민

산업화와 성장이라는 명분을 앞세운 지나친 화석연료의 사용으로 인해 야기된 온갖 부작용에 뼈저리게 공감하며, 세계 여러 나라들은 화석연료를 대체할 에너지의 개발에 몰두해 왔습니다. 지구 온난화를 일으킨 주범으로 대기 중에 다량의 이산화탄소를 뿜어내는 탄소 에너지, 즉 화석연료의 사용이 주요 원흉으로 지목되었으니까요. 우리나라는 한동안 원자력발전에 의한 에너지 생산 비율을 높여 왔죠. 화석연료로 생산한 에너지에 비해 경제적이고 깨끗하다는 이유였습니다.

원자력발전은 대안이 될 수 있을까?

우리가 탄소문명에서 벗어나기 위해 선택해야 할 대안은 과연 원자력일까요? 섣불리 단정할 순 없지만, 원자력은 대안이 될 수 없다는 의견입니다. 왜냐하면 원자력발전은 여러 가지 측면에서 상당한 위험 부담을 감수해야 하니까요. 때로는 돌이킬 수 없는 치명적인 위험을 초래하기도 합니다.

조금 다른 이야기를 해볼까요? 2016년 9월 우리나라의 경상북도 경주시에서 규모 5.8의 지진이 발생했습니다. 1978년에 처음 지진 관측을 실시한 이래로 우리나라에서 발생한 역대 최대 규모의 지진이었죠. 비록 인명 피해는 그리 크지 않은 편이었지만 재산 피해는 만만치 않았습니다. 특히 경주는 여러분도 알다시피 고대 신라의 유적지가 보존되어 있는 지역이기도 한데, 수천 년을 지켜 온 소중한 문화재들이 훼손되기도 했습니다. 그런데 불과 1년 남짓 지난 2017년 우리나라의 경상북도 포항에서 또다시 규모 5.4의 지진이 발생했습니다. 경주 지진에 비해 진도는 약했지만, 피해 규모는 오히려 더 컸습니다.

사실 우리나라는 비교적 지진에서 안전하다고 믿어 왔기 때문에 사람들은 연이은 지진에 더욱 당황할 수밖에 없었습니다. 무엇보다 사람들은 혹시 지진으로 인한 원자력발전소의 방사능 유출 피해가 없는지 두려움에 떨어야 했죠. 과거 2011년 동일본대지진으로 인해 후쿠시마(福島) 원자력발전소가 중단됨으로써 일부 원자로가 파손되었습니다. 이로 인해서 막대한 방사능이 유출된 것을 뉴스를 통해 접했기 때문이죠. 그리고 이때 유출된 방사능으로 인한 피해는 사실 지금까지도 계속 이어지고 있으니까요.

원자력발전의 보이지 않는 비용

다시 우리나라 원자력발전소 이야기로 돌아와 볼까요? 우리나라 최초의 원자력발전소인 고리원전 1호기는 2017년 6월 18일 자정에 가동을 중단했습니다. 운영을 시작한 지 40년 만이었죠. 사실 우리나라는 대표적인 원자력발전 국가입니다. 세계원자력협회(WNA)에 따르면 2017년 3월 기준 한국은 고리원전 1호기까지 포함해서 25기의 원전을 보유하고 있었습니다. 미국(99), 프랑스(58), 일본(42), 중국(36), 러시아(35)에 이어 6번째로 원전이 많은 국가였던 거죠.

그동안 원자력은 깨끗하고 값싼 에너지로 줄곧 홍보되어 왔습니다. 하지만 최근 들어서는 관리의 위험성과 환경 위험으로 인해서 실제 비용은 오히려 다른 발전원에 비해 훨씬 더 높다는 연구 결과도 속속 나오고 있습니다.

현대경제연구원은 2012년 〈원전의 드러나지 않는 비용〉이란 보고서에서 미국 스리마일 섬(1979년), 옛 소련 체르노빌(1986년), 일본 후쿠시마(2011년) 원전 사고의 피해 규모가 한 기당 약 58조 원에 이른다고 분석했죠. 또한 사용 후 핵연료의 처분 비용과 폐로 비용 등도 원전의 드러나지 않은 비용에 속합니다. 2017년 독일 정부는 4개 원자력발전 업체가 총 235억 유로(약 30조 7천억 원)를 국가 핵폐기물 처리 기금에 납부하는 조건으로 폐기물 저장 의무와 관련 비용을 면제해 주는 계약을 이들 업체와 체결했습니다. 얼핏 보면 큰 금액처럼 보이지만, 사실 업계에서는 이보다 최소 3배 이상이 소요될 것으로 예측했었기에 에너지 기업들이 큰 이득을 본 계약이라는 말이 나올 정도였죠.[51]

재생가능에너지에서 발견한 희망 그리고 앞으로의 과제

석유, 석탄과 같은 탄소에너지도 원자력도 답이 아니라면 앞으로 인류는 어떤 방식으로 산업 발전에 필요한 에너지를 생산해야 할까요? 우리 인류가 산업화 이전 시대로 다시 회귀해야 할까요? 그것은 현실적으로 불가능합니다. 이미 우리는 4차 산업혁명 시대에 접어들었고, 정보통신기술(ICT)의 융합으로 이뤄지는 4차 산업

....
51. 《한겨레》, 〈탈원전 시대, 공동체 에너지 활성화가 답이다〉, 2017.7.13. 기사 참조

혁명 시대에도 에너지는 여전히 중요합니다.

이에 인류는 재생가능에너지(Renewable energy)를 찾기 위해서 노력하고 있습니다. 재생가능에너지란 기존의 화석연료와 같이 환경에 부담을 주고 고갈되는 에너지가 아니라 시간이 지남에 따라 자연적으로 보충되는 지속가능한 자원으로부터 수집된 에너지를 말합니다. 이러한 재생가능에너지로는 햇빛·바람·물·지열·생물 유기체 등이 있죠. 독일의 인구 약 10만 명의 라인-훈스 뤼크 지구에서는 공식적으로 지역 내 필요한 전력의 100퍼센트 이상을 이 재생가능에너지를 통해 얻고 있습니다. 또 스코틀랜드, 남호주, 포르투갈, 덴마크 등에서는 하루 특정 시점 혹은 며칠 동안 100퍼센트 재생가능에너지만으로 국가 전체의 전력을 공급하고 있고요.[52]

국제에너지기구(IEA, International Energy Agency)는 2015년 재생가능에너지가 석탄을 제치고 세계에서 가장 많은 발전 설비가 되었으며, 향후 5년간 매 시간마다 2.5개의 풍력발전기와 3만 개의 태양광전지가 설치될 것으로 예상했습니다. 2021년이면, 전 세계 60퍼센트의 발전 설비를 재생가능에너지가 차지할 거라고 예측하기도 했죠. 우리나라에서도 재생가능에너지 발전 비중을 2040년까지 30~35퍼센트로 확대하는 계획[53]을 세우기도 했습니다.

....
52. 그린피스, "지금은 재생가능에너지 시대(국가/지자체편)", 2017.9.14.
53. 산업통상자원부, "제3차 에너지기본계획", 2019

하지만 일각에서는 재생가능에너지에 관한 우려의 목소리를 내기도 합니다. 가장 큰 문제점은 역시 비용입니다. 반대하는 사람들은 개발 초기의 투자비용이 막대하고, 투자비용 대비 경제성 또한 낮다는 주장을 앞세웁니다. 하지만 전 세계적으로 재생가능에너지 사용이 늘어나면서 2020년을 기준으로 태양광과 풍력발전의 설치단가가 석탄이나 가스발전보다 저렴해질 것이라고 합니다. 특히 영국에서는 원전보다 값싼 해상풍력발전단지도 등장했죠. 이는 참으로 반가운 소식이 아닐 수 없습니다.

우리는 이미 지구의 희생을 담보로 무분별한 에너지 개발을 해왔습니다. 이제는 우리 인류가 지구의 희생에 대한 대가를 치를 때입니다. 따라서 처음에는 다소 난관이 있을지라도 깨끗한 에너지 개발을 위한 노력은 앞으로 계속 이어져야 할 것입니다.

앞서 잠깐 생물학자인 개릿 하딘이 밝힌 '공유지의 비극'에 관해 언급했죠? "공유자원은 어떤 공동의 강제적 규칙이 없다면 많은 이들의 무임승차 때문에 결국 파괴된다."는 주장입니다. 그런데 이에 대한 해법을 제시한 사람이 있습니다. 바로 2009년 노벨 경제학상 수상자인 엘리너 오스트롬으로, 노벨 경제학상 40년 역사상 최초의 여성 수상자이기도 합니다. 그동안 공유자원은 무임승차성이 강하기에 완전히 개인의 소유가 되거나 정부에 의해서 강제적으로 규제되어야 한다는 견해가 강했죠. 하지만 오스트롬은 세계 각국의 사례들을 조사하다가 공동체에 의해서 자치적으로 관리되는 경우를 발견하게 되었습니다. "① 유사한 상황에 처해 있는 대부분의 사람들이 동일한 이행 약속을 하고, ② 이러한 전략적 선택에 따르는 장기적인 기대 순이익이 단기적인 지배석 전략에 따랐을 경우에 기대되는 순이익보다 클 때 이 규칙에 따른다."[54]고 보았죠. 쉽게 말해 공동체가 자발적으로 힘을 모아 공유자원을 지켜낼 수 있다고 생각한 것입니다.

함께 고민하는 우리나라의 에너지공동체 현황

우리나라에도 공동체가 힘을 모아서 함께 문제를 현명하게 풀어가는 사례가 있습니다. 대표적으로 에너지자립마을과 햇빛발전협동조합을 꼽아 볼 수 있죠. 지금부터 소개하는 두 사례를 통해 공동체가 머리를 맞대고 함께 문제를 해결하는 것이 얼마나 의미 있는 결과를 가져오는지 확인할 수 있을 것입니다.

• 에너지자립마을

서울시에는 에너지자립마을[55]을 '마을단위 에너지 절약과 효율 향

54. 엘리너 오스트롬, 《공유의 비극을 넘어》(윤홍근·안도경 옮김), 랜덤하우스, 333쪽
55. 이유진, "전환도시 서울과 에너지 자립마을 만들기", 세계와도시 8호, 2015

상, 신재생에너지 생산으로 외부에너지 수여를 최소화하여 마을 공동체 에너지 자립도를 높인 마을'로 정의하고 있습니다. 1단계 최대한 아끼는 '절약실천 활동', 2단계 새는 열과 에너지를 최소화하는 '에너지이용 효율화', 3단계 '재생가능에너지 생산'의 3단계로 나누어 진행되고요.

전기 사용량 절감률을 보면 에너지자립마을의 효과가 확연히 드러납니다. 2013년 전년대비 가정용 전기 사용량 절감률을 보면 서울시 전체가 0.6퍼센트인 반면, 에너지자립마을은 평균 4.2퍼센트를 기록하며 전기 사용량 부문에서 유의미한 절감 효과가 있는 것으로 나타났으니까요.

동작구의 성대골 마을[56]도 에너지자립마을의 모범 사례로 꼽힙니다. 계기는 2011년도 일본 후쿠시마의 원전 사고였죠. 주민들은 이러한 불행한 사고는 결국 대도시에서 에너지를 과도하게 사용하는 책임이 크다고 보면서 함께 머리를 맞대고 도시에서 행동할 수 있는 게 무엇일까 하는 고민을 시작했습니다. 관심 있는 주민들이 모여 에너지 문제에 대해 함께 공부하고 공동체 차원의 캠페인이나 여러 방안들을 제시하면서 함께 활동을 해나갔죠.

2012년 서울시 에너지자립마을로 선정된 이후 에너지 절약문화

....
56. 《cpbc뉴스》, 〈[인터뷰] 김소영 "에너지슈퍼마, LED 전구가 가장 인기"〉, 2019.5.23.과 《머니투데이》, 〈'성대골마을' 에너지자립마을의 지속가능성을 열다〉, 2018.10.08. 기사 참조

확산을 위한 절전소 운동, 에너지 진단, 착한가게 캠페인, 에너지 학교 등을 추진하며 현재까지 다양한 활동을 벌이고 있습니다.

• 햇빛발전협동조합

협동조합은 공동의 필요를 느끼는 이들이 함께 소유하고 민주적으로 운영하는 공동체 기업 모델입니다. UN에서 2012년을 협동조합의 해로 정할 만큼 전 세계적으로 주목받는 대안기업 모델이기도 하죠. 여러분에게 익숙한 축구팀 FC 바르셀로나나, 오렌지주스로 유명한 썬키스트, 서울우유 등도 모두 협동조합이랍니다.

재생가능에너지 생산을 위해 시민들이 함께 힘을 모아 만든 협동조합이 바로 햇빛발전협동조합[57]입니다. 한국에너지공단에 따르면 2013년엔 이러한 햇빛발전협동조합 6곳이 219킬로와트의 발전소를 건설했습니다. 그리고 2018년에는 햇빛발전협동조합 68곳이 8,713킬로와트의 신규 태양광 발전소를 지었죠.

2019년 5월 기준으로 우리나라에는 총 91곳의 햇빛발전협동조합이 있습니다. 체육관, 도서관, 정수장 등 정부나 지방자치단체 소유의 건물 옥상과 같은 유휴부지에 태양광 패널을 설치해서 깨끗한 에너지를 생산하고 있죠. 좋은 취지에 공감하며 함께 참여하

---

57. 《한국일보》, 〈환경도 살리고 수익도 짭짤… 태양광 발전 협동조합 뜬다〉, 2019.06.19. 기사 참조

는 이들에게는 경제적 혜택도 주고 있습니다.

안산의 안산시민햇빛발전협동조합은 태양광발전소 18기를 운영하고 있는데, 시민들은 함께 주인이 되고자 자발적으로 출자금을 내고 조합원으로 참여하고 있죠. 조합원으로 참여한 어느 시민은 2018년에 무려 5퍼센트의 배당금 수익을 돌려받았다며 이렇게 이야기했습니다. "웬만한 금융상품에 가입하는 것보다 수익률이 좋고, 무엇보다 공동체를 위한 가치 있는 일에 돈이 쓰이는 것 같아 만족도가 높습니다!"

여러분이 다니고 있는 학교에 햇빛발전협동조합이 있는 경우도 있습니다. 국사봉중학교, 삼각산고등학교 등에는 학생들이 조합원으로 직접 참여한 햇빛발전협동조합이 있답니다. 깨끗한 에너지 생산을 위한 협동조합은 생각보다 우리 가까이에 있습니다.

···· **잠깐만** ·······

우리 인류가 성장을 멈추지 않고 계속 나아가기 위해서라도 에너지는 꼭 필요합니다. 하지만 앞으로는 성장만큼 환경도 생각하는 방향으로 인식을 전환해야 합니다. 비록 생활 속에서 다소 불편함이 발생할지라도 불필요한 에너지의 사용을 자제하려는 노력이 필요하겠죠. 생활 속에서 어떤 실천을 하면 좋을지 함께 생각해 봅시다!

청소년들의
용감한 행동 개시
'미래를 위한 금요일'

폭염을 비롯한 기상이변을 통해서 지구는 더 이상 우리 인류가 환경 문제에 눈을 감아서는 안 된다며 강력한 경고 신호를 보내고 있습니다. 조금 늦은 감이 없지 않지만, 지금이라도 세계 곳곳에서 환경 문제를 해결하기 위한 여러 가지 노력들이 이루어지고 있는 것은 참으로 다행입니다.

물론 환경 문제를 해결한다는 것이 결코 쉬운 일은 아닙니다. 환경 문제를 먼저 생각하려면 눈앞의 달콤한 이익이나 편의는 잠시 포기해야 할 수도 있으니까요. 때로는 가까운 길을 멀리 돌아서 가야 할 수도 있습니다. 이러한 이유 때문에 선진국들조차 섣불리 환경 문제에 앞장서기를 꺼려 온 것입니다. 행여나 자국의 경제 발전에, 자국의 기업 성장에 걸림돌이 될 수도 있기 때문이죠. 그럼에도 불구하고 이제 환경 문제는 인류의 생존이 걸린 만큼 더 이상 외면할 수 없는 중대 과제가 되었습니다.

청소년들의 용기 있는 움직임

아직까지 우리 청소년들은 기후변화와 환경 문제가 스스로 풀어야 할 문제라고 생각하기보다는 어른들이 해결해야 할 문제로 인식하는 경우가 상당할 것이라고 생각합니다. 즉 안타깝기는 하지만, 나와는 먼 얘기라고 생각하는 거죠. 하지만 청소년 여러분도 얼마든지 문제 해결의 주체가 될 수 있고 또 그래야만 합니다.

이미 기후변화를 막기 위해서 세계 곳곳의 청소년들이 용기 있게 행동에 나서고 있습니다. 대표적인 사례를 소개할까 합니다. '미래를 위한 금요일(Fridays for future)[58]'이라는 캠페인 그룹이 있습니다. 이 캠페인은 2018년 8월 스웨덴의 한 고등학생인 16살 소녀 그레타 툰베리로부터 시작되었습니다. 그녀는 매주 금요일 스

----

58. https://fridaysforfuture.org/

톡홀름의 의회 앞에서 '기후를 위한 등교거부(SKOLSTREJK FÖR KLIMATET)'가 적힌 손 팻말을 들고 1인 시위를 벌였습니다. 특히 2018년 12월 폴란드 카토비체에서 열린 제24차 유엔기후변화협약 당사국총회 연설이 큰 화제가 되었죠.

> "당신들은 자녀를 가장 사랑한다 말하지만, 기후변화에 적극적으로 대처하지 않는 모습으로 자녀들의 미래를 훔치고 있다."

수많은 사람들 앞에서 환경 문제의 심각성에 대한 자신의 소신을 당당하게 피력한 것입니다. 십대 소녀의 이 당찬 연설은 수많은 성인 정치인들을 부끄럽게 만들기에 충분했습니다.

이것이 계기가 되어 2019년 2월 15일을 기점으로 '기후를 위한 학교 파업 시위(School strike for climate)'가 시작된 것입니다. 125개국 2천여 도시에서 참여했죠. 이 파업 시위는 교사나 어른들의 주도가 아닌 학생들이 자발적으로 주최하고 주도하며 적극적인 기후변화 대응을 촉구하고 있다는 측면에서 큰 의미가 있습니다. 처음에 시작한 그레타 툰베리는 매주 금요일에 학교를 빠지고 시위를 했지만, 시위가 유럽 전역으로 퍼져 나가면서 도시마다 특정 금요일로 날짜를 정하고 있다고 합니다.

이렇게 적극적으로 세상의 변화를 주도하는 새로운 세대를 가리켜 필란스로키즈(philanthrokids)라고도 부르고 있습니다. '필란스

로키즈'란 필란스로피(philanthropy · 자선)와 키즈(kids · 아이들)의 합성어입니다. 풀이하면 '공공의 선을 위해서 행동하는 아이들'이라는 뜻이 되지요. 현재 이들은 지구 온난화와 기후변화 등에 관해 바람직한 사회변화를 이루기 위해서 적극적으로 대처하려고 합니다. 가만히 손 놓고 있다가는 모두의 미래가 불투명해진다는 '절박함', 사회를 향해 어떤 목소리든 내야 한다는 '책임감'이 이들을 움직이는 동력이 되고 있다고 합니다.[59] 우리나라에서도 2018년 8월에 청소년기후소송단(http://climateaction.kr)이 만들어져서 청소년 기후소송 캠프 등을 진행하고 있죠. 2019년 5월 24일에는 청소년 기후행동을 펼치며 '멸종위기종 대한민국 청소년 일동'으로 공동성명을 발표하기도 했습니다.

미래를 바꾸는 건 결국 우리 자신의 선택

성미산학교에서 생태수업을 지속적으로 해오신 정선미 선생님이 쓴 《성미산 학교 에너지 교실》[60]에서는 모의 청소년 유엔환경개발회의를 제시하고 있습니다. 각 나라별 청소년의 입장이 되어 지

59. 《더나은미래》, 〈국경 · 인종 초월한 26억 Z세대… 모두의 미래 위해 '범지구적 연대'를 외치다〉, 2019.3.26. 참조
60. 정미선, 《성미산 학교 에너지 교실》, 북센스, 2014, 38~39쪽 참조

속가능한 지구를 위해 합의할 수 있는 선언과 책임에 대해 토론을 거쳐 합의하는 과정을 모의 유엔회의 방식으로 진행해 보는 거죠.

나라별 차이가 있을 수 있는 건 공동 책임과 차별화된 책임으로 나눠지기 때문입니다. 공동 책임이란 기후변화는 인류 전체가 지속가능한 삶을 함께 하기 위해 반드시 해결해야 할 과제이므로 모든 국가가 기후협약을 준수해야 할 책임이 있다는 의미입니다. 한편 차별화된 책임이란 산업화를 일찍 경험해서 기후변화에 기여한 나라와 그렇지 않은 나라가 져야 할 책임도 다르고 기후문제에 대응하는 기술적 역량도 차이가 있으므로 국가별 상황에 맞게 책임이 주어져야 한다는 뜻이고요. 청소년들이 각 나라의 대표가 되어 비슷한 위치의 나라들끼리 모여서 서로 다른 입장을 발표하고 공동의 합의문을 작성해 가는 방식이죠.

상투적인 말 같지만, 청소년 여러분은 미래 사회의 주역입니다. 앞으로 교육을 마치고 사회생활을 시작하게 되면, 경제 활동의 주축으로서 전 세대를 이끌어 가는 중심세력이 될 것입니다. 그러한 여러분이 살아가야 할 미래가 자칫 기후변화와 같은 환경 문제 때문에 파괴되고, 지금보다 더욱 삭막하고 불행해진다면 참으로 비극이 아닐 수 없습니다. 현재 여러분의 뜻과 무관한 어른들의 결정으로 여러분의 미래가 어두워진다면 이 얼마나 억울한 일인가요? 청소년 여러분이 바로 지금 환경 문제에 관심을 기울이고 목소리를 내야 하는 이유입니다.

'아직 태어나지 않았거나 미성년자여서 현 세대의 의사결정에 참여할 수는 없으나, 현 세대의 정책에 영향은 받는 세대'를 가리켜 미래 세대라고 부르기도 합니다. 문화인류학자이자 연세대학교 명예교수인 조한혜정 교수[61]는 이런 답답한 상황을 해결하기 위해서 중학생부터 투표권을 주어야 한다고 말했죠. 오히려 '내일'을 팔아 '오늘'을 사는 근시안적 정치에 가담하여 지구 생태계를 망가뜨린 기성세대는 일정한 자숙과 학습의 시간을 거친 후에 다시 투표권을 회복할 수 있어야 한다고도 덧붙였습니다.

하지만 꼭 투표권을 행사해야만 뭔가를 바꿀 수 있는 것은 아닙니다. 어쩌면 지금 여러분이 하고 있는 순간순간의 선택에 따라서 미래는 달라질 수 있으니까요. 세계적인 아이돌그룹 BTS의 리더 RM도 2018년 9월 유엔총회 연설에서 다음과 같이 말했죠.

"우리 스스로 어떻게 삶을 바꿀 수 있을까. 우리 스스로 사랑하는 것이다. 여러분 목소리를 내달라. 여러분의 스토리를 얘기해 달라."

···· **잠깐만** ····

기후변화를 막기 위한 행동으로써 시위를 벌이는 유럽의 청소년 이야기를 언급했습니다. 여러분은 기후변화에 대해 사회적 관심을 촉구하도록 어떤 실천을 해볼 수 있을까요? 함께 생각해 봅시다.

61. 《한겨레》, 〈[조한혜정 칼럼] 미래 세대를 위한 시간〉, 2018.4.17.

나는 지구를 사랑합니다!

바야흐로 폭염의 시대입니다. 저는 기후변화로 야기된 폭염 이야기로 이 책을 시작했습니다. 사실 폭염은 그동안 우리 인류가 자연 환경에 가해 온 온갖 이기적인 행위에 대한 일종의 역습이라고 봐야 합니다. 성장과 발전이라는 미명하에 자행된 무분별한 개발은 지구를 병들게 했고, 병든 지구는 통증을 호소하기 시작했죠. 그 결과 폭염이나 한파 등 기상이변과 같은 천재지변의 형태로 인류를 다시 공격하고 있는 셈이니까요.

폭염으로 야기되는 다양한 사회문제들도 살펴보면서, 폭염의 영향이 비단 여름 한철에 그치는 것이 아니라는 것도 알게 되었죠. 특히 사회 소외 계층일수록 폭염으로 인한 피해에 취약하지만, 아직까지는 이를 지원해 줄 만한 사회 시스템이 턱없이 부족하다는 것도 알게 되었을 것입니다.

폭염을 비롯한 심각한 기후변화의 중심에는 지구 온난화와 다양한 환경 문제가 자리하고 있습니다. 선진국을 비롯한 많은 나라들이 이 사실을 잘 알고 있음에도 불구하고 눈앞의 성장에 눈이 멀어 상당 시간 외면해 왔다는 것도 알게 되었을 것입니다. 하지만 세계 곳곳에서 기후변화와 환경 문제를 해결하려는 노력이 조금씩 진전되고 있으며, 개중에는 우리 청소년들이 주체가 된 사회운동도 전개되고 있습니다.

시작은 아주 작은 실천에서부터

자, 그렇다면 이제 이 책을 마치기 전에 여러분과 함께 나누고 생각해 보고 싶은 것들이 있습니다. 우선 지구를 보호하기 위한 생활 속 실천들은 무엇이 있을까요? 자가용 대신에 대중교통으로 가족 여행하기, 일회용 종이컵 대신에 개인 컵을 가지고 다니기, 플라스틱 봉지 대신에 장바구니를 가지고 다니기 등 여러 가지 실천 방안이 있을 것입니다.

펄펄 끓는 폭염 속에서 에어컨을 포기한다는 건 거의 불가능합니다. 하지만 앞서 2장에서도 살펴봤던 것처럼 선풍기와 에어컨 등 과도한 냉방 기기의 사용은 결국 에너지의 소비와 직결됩니다. 과도한 에너지의 사용은 이산화탄소를 배출해서 결과적으로 폭염을 부추기고 도시의 온도를 뜨겁게 올리는 주요 원인이 되는 만큼 현명한 사용 지침이 필요한 때입니다.

녹색연합에서 소개한 몇 가지 쓸모 있는 방법을 여러분과 함께 공유하려고 합니다. 우선 선풍기를 틀 때 천장 쪽으로 향하게 하면 더운 공기가 위로 올라가면서 더욱 시원함을 느낄 수 있다고 합니다. 또 천장에 설치하는 실링팬은 바닥에 놓는 선풍기보다 많은 바람을 공급해서 실내 공기를 쾌적하게 할 수 있다고 하는군요. 어쩔 수 없이 에어컨을 사용해야 하는 경우에는 전기 절약을 위해서 효과적으로 바람이 나올 수 있도록 주기적으로 필터를 청소해 주고, 선풍기와 함께 사용함으로써 더욱 빨리 공기 순환이 될 수 있도록 하는 방법을 권하고 있습니다.[62]

또한 사회의 소외 계층에도 좀 더 관심을 기울여야 할 것입니다. 앞에서도 살펴보았지만, 폭염 속에서 제대로 된 냉방 기기 하나 없이 폭염을 견뎌 내야 하는 이들이 우리 사회에는 생각보다 많이 있습니다. 때때로 폭염은 그들에게는 참기 어려운 더위 그

----

62. 녹색연합, 〈더위도 줄이고 전기도 줄이는 3가지 방법〉, 2018.7.25. 참조

이상의 두려운 존재로 다가오곤 합니다. 어찌 보면 생존의 위협과 맞닥뜨리게 되는 셈이니까요. 폭염에 노출된 채 충분한 휴식도 취하지 못한 채 야외에서 고된 작업을 이어가야 하는 노동자들의 문제에 관해서도 살펴보았습니다.

사실 이 모든 것들은 누군가의 인간다운 삶을 저해하고 있다는 측면에서 단순히 어느 한 개인의 불행으로만 치부하고 넘길 수 없는 문제입니다. 이것은 인권에 관한 문제이기도 하니까요. 기본적인 인권의 보호를 받지 못한 채 소외되는 사람이 많아질수록 그 사회는 불행합니다. 또 불행한 사람이 많은 사회일수록 분노가 켜켜이 쌓이게 되죠. 최근 급격히 늘고 있는 상상을 초월하는 잔혹한 범죄들 중 상당수는 이러한 분노를 왜곡된 방식으로 표출한 사례라고 볼 수도 있을 것입니다.

누군가는 평등사회에 대해 다소 불편한 시각을 가질 수도 있습니다. 그것이 마치 누군가의 피땀 어린 노력이나 소중한 기회를 강제로 빼앗아 나누는 행위라고 오해하기도 합니다. 하지만 과연 그럴까요? 사회 구성원인 국민 모두가 최소한의 인간다운 삶을 살아갈 수 있게 보장해 주는 것은 국가의 의무입니다. 경쟁도 중요하지만 함께 더불어 살아가고자 하는 따뜻한 시선이 그 어느 때보다 절실히 필요한 때입니다. 한층 적극적인 사회 구호 시스템이 마련될 수 있도록 청소년들도 사회문제에 관심을 가지고 목소리를 낼 수 있었으면 합니다.

더 나은 미래로 나아가기 위한 선택지들

더 나은 미래를 만들어 가는 길은 때로는 불편함을 감수해야 할 수 있습니다. 때로는 내가 누리고 있는 것을 버려야 하거나 누군가와 나눠야 할 때도 있을 것이고, 때로는 편리하고 쾌적한 생활을 일부 포기해야 할 수도 있습니다. 결코 쉽지도 않을뿐더러 익숙한 생활을 한 번에 바꿀 수도 없을 것입니다.

저 역시 이 책을 쓰면서 자료를 정리하기 전까지는 기후변화 문제의 심각성을 잘 모르기도 했고, 솔직히 고백하면 때로는 애써 외면하기도 했죠. 매번 가방에 일회용 컵을 대신할 개인 텀블러와 비닐 봉투를 대신할 장바구니를 챙겨서 가지고 다니는 것도 귀찮아서 게을리 할 때가 많았습니다.

하지만 중요한 것은 누군가가 시켜서 억지로 지키는 게 아니라 나의 입장에서 생각해 보는 게 아닐까요? 그런 점에서 어린이를 위한 그림책이지만 '나의 입장에서 생각해 보기'를 잘 보여주고 있어서 내용 일부를 소개해 드리고 싶군요. 토드 파라는 어린이 책 작가가 쓴 《내가 지구를 사랑하는 방법》[63]입니다.

> 난 이를 닦을 땐 수도꼭지를 꼭 잠가. 목욕할 때도 물을 아껴 쓰지.

....
63. 토드 파, 《내가 지구를 사랑하는 방법》(장미정 옮김), 고래이야기, 2018

왜냐고? 나는 물고기를 사랑하니까. 바다가 늘 파랗고 깨끗했으면 좋겠어.

난 버스를 타고 다녀. 가끔은 자전거를 타기도 해.

왜냐고? 나는 별을 사랑하니까. 공기가 맑아야 별들이 반짝이는 걸 볼 수 있잖아.

난 음식을 남기지 않으려 해. 그래도 남으면 싸 가지고 와서 밭에 뿌려줘.

왜냐고? 나는 채소들이 자라는 걸 보면 행복하니까. 모두가 실컷 먹을 만큼 쑥쑥 자랐으면 좋겠어.

(중략)

내가 왜 지구를 아끼고 보살피려고 하는지 아니? 우리 모두가 건강하고 행복하길 바라기 때문이야.

작은 식물에서 발견한 뜻밖의 감수성

어떠세요? 여러분도 내가 바라는 것, 내가 소중히 여기는 것으로 생각을 전환해 보면 어떨까요? 저는 올해부터 우연히 텃밭을 가꾸게 되었는데, 꽃과 채소에 매일 물을 주다 보니 생각이 많이 바뀌게 되더군요. 그 전에는 동네 곳곳의 나무와 풀, 작은 꽃들을 보아도 별 생각 없이 지나치며 큰 감흥이 없었는데, 어쩐지 뭔지 모르게 달리 보이기 시작한 것입니다.

사실 지구는 너무나 엄청난 대상입니다. 그래서 '지구'라고 했을 때는 어쩐지 나 자신과 너무 멀게 느껴지고 뭔가 현실이 아닌 추상적인 어떤 개념에 막연히 머무는 것처럼 느껴지기도 했죠. 그런데 텃밭을 가꾸면서 조금씩 성장하는 꽃과 채소들을 매일 돌보고 관찰하다 보니 어쩐지 지구가 예전보다 훨씬 가깝고 친근하게 느껴졌습니다. 아울러 저 스스로도 자세가 조금은 바뀌어 가는 느낌이 들더군요.

물론 여전히 텀블러와 장바구니를 깜빡할 때가 많고, 괜한 식탐을 부리다가 다 먹지도 못한 채 아까운 음식을 종종 남기기도 합니다. 하지만 예전과 분명히 달라진 건 그러한 행동을 부끄러워하며 반성한다는 점이죠. 작지만 내면에서 뭔가 변화가 일어난 것이 분명합니다. 그리고 다시 텃밭의 꽃과 채소들을 바라보며 마음을 다잡곤 합니다.

"미안합니다. 잠시 소중함을 깜빡했습니다."

그런데 이것이 저만의 유별난 감수성은 아닌 모양입니다. 즉 누구나 식물을 키움으로써 이러한 특별한 경험을 하게 된다는 것입니다. 미국에서 가장 가난한 지역으로 손꼽히는 사우스 브롱크스 지역에서 교사 생활을 했던 스티븐 리츠는 식물을 함께 키우면서 아

지구가 나와 너무 멀고 엄청난 대상이라고 생각된다면 작은 식물이라도 직접 길러 보고 수확의 기쁨을 느껴 보는 방법을 추천하고 싶습니다. 분명 지구가 좀 더 가깝게 느껴질 것입니다.

이들이 바뀌고 나아가 지역사회 전체가 바뀌어 간 경험을 《식물의 힘》이란 책으로 써서 대중에게 알렸습니다. 여러분에게도 꼭 추천하고 싶은 책입니다.

하지만 만약 이 책을 다 읽고 나서도 여전히 지구가 너무 멀게 느껴지고 기후변화도 여러분 자신의 문제로는 그리 와 닿지 않는다면 작은 식물을 직접 키워 보는 것부터 시작해 보라고 권해 주고 싶군요. 분명 스스로 세상에 대한 새로운 감수성을 발견하게 될 것입니다. 성경 구절 중에 '네 시작은 미약했으나 그 끝은 창대하리라'는 구절이 있습니다. 작은 화분을 기르는 우리 한 사람 한 사람의 작은 실천이 먼 훗날 지구를 지켜 낼 든든한 버팀목이 되어 줄 수도 있을 것입니다.

작은 텃밭에서 시작된 변화는 나아가 지구 전체를 바꿀 수 있습니다. 경제학자 J.K. 깁슨 그레이엄, 제니 캐머런, 스티븐 힐 리가 함께 쓴 《타자를 위한 경제는 있다》에서 "지구는 우리가 고된 노동을 하는 거대한 하나의 텃밭"일 수 있다고 이야기합니다. 우리는 이 텃밭에서 땅을 갈고 식량과 잠잘 곳 그리고 우리가 살아가는 데 필요한 모든 형태의 재화와 서비스를 생산하는데, 이것은 우리와 모든 생명체들이 공유하고 유지하며 지켜야 하는 대상이라고 얘기하고 있죠.[64]

또한 경제란 텃밭의 원리와 같아서 공유재를 어떻게 관리하고 나눌지, 생존을 위해서 무엇을 생산할지, 함께 생존하는 과정에서 타인들과 어떻게 관계를 맺을지, 얼마나 많은 잉여를 생산하고 이를 어떻게 분배하며, 미래를 위해 잉여를 어떻게 투자할지를 둘러싼 결정들을 반영한다고 하고요.[65]

그리고 이 모든 결정은 다른 누구도 아닌 우리들 스스로의 몫입니다. 미국의 유명한 심리학자 윌리엄 제임스는 "생각이 바뀌면 행동이 바뀌고 행동이 바뀌면 습관이 바뀌고 습관이 바뀌면 인격이 바뀌고 인격이 바뀌면 운명까지도 바뀐다."고 했습니다. 지구에서 함께 살아가는 우리의 생각이 바뀌고 다른 결정을 내린다면

64. J.K. 깁슨 그레이엄·제니 캐머런·스티븐 힐 리, 《타자를 위한 경제는 있다》(황성원 옮김), 동녘, 2014, 9쪽
65. 같은 책, 21쪽

지금의 위기에서 벗어날 수 있지 않을까요?

푹푹 찌는 무더운 날씨 속에서 에어컨 온도를 1도 낮추기 위해 리모컨 버튼을 한 번 더 누르기 전에 생각해 봅시다. 우리 각자가 실내 온도를 1도 낮추려고 버튼을 누를 때, 지구는 반대로 점점 더 뜨거워질 것입니다. 그리고 어쩌면 내년, 내후년에는 더욱더 매서운 폭염으로 우리에게 되갚아 줄지도 모르죠. 오늘 우리의 선택에서 비롯된 작은 변화가 더 나은 미래로 나아가기 위한 밑거름이 되기를 진심으로 소망해 봅니다.

끝으로 앞서 얘기한 우리나라 청소년들이 발표한 청소년 기후행동 공동성명[66] 마지막 부분을 함께 읽으며 이 책을 마무리하려 합니다.

우리는 우리 세대의 미래 그리고 우리보다 더 연약한 사람들의 삶을 위해 싸우고 있습니다. 기후변화는 한순간에 사라지지 않는, 우리 청소년들이 미래에 경제 주체가 되어서도 지속적으로 영향을 받게 되는 문제이며 우리에겐 너무나도 우리의 미래가 절박하게 걸려 있는 문제입니다.

우리가 발붙이고 있는 이 땅을 포기하고 싶지 않기에, 우리가 할

66. 청소년기후소송단, 524청소년기후행동: 기후악당국가탈출을 위한 교육개혁, 2019. 5. 24.

수 있는 일을 최선을 다해 하고 있는 것입니다. 다음 주 월요일이
면 우리는 다시 학교로 돌아가서 책상 앞에 앉겠지만, 우리의 의
지는 변하지 않을 것입니다.

2019년 5월 24일
멸종위기종 대한민국 청소년 일동

잠깐만

우리는 너무나 오랫동안 지구의 아픔을 외면해 왔습니다. 하지만 아직까
지 인간은 지구를 떠나서 살아남을 방법이 없습니다. 이제라도 적극적으
로 지구에 대한 애정을 표현해야 합니다. 그렇다면 과연 어떤 방법으로
지구를 사랑하는 마음을 표현할 수 있을까요? 친구들과 함께 생각해 봅
시다.

우리가
기후변화에 지혜롭게
대처하기 위하여

기후변화는 이미 우리의 현실이 된 지 오래입니다. 단순한 자연재해를 넘어 사회문제를 심화시키는 기후변화를 우리는 더 이상 외면할 수 없습니다. 함께 머리를 모아 지혜를 생각해 내야 할 때입니다. 일단 문제에 관심을 기울인다고 해도 실제 변화로 이어지려면 꾸준한 실천이 뒤따라 주어야 할 것입니다. 꼭 뭔가 거창한 실천만이 의미 있는 것은 아닙니다. 부록에서 여러분이 생활 속에서 실천해 볼 만한 몇 가지 방안들을 소개하려고 합니다.

기후변화에 지혜롭게 대처하기 위해서 학교와 내 생활에서 실천할 수 있는 구체적인 방안들이 궁금한가요? 다음은 정선미 선생님의 《성미산 학교 에너지 교실》[67]에서 환경부에서 2009년에 나온 초중등학생 가정온실가스 진단 교육 매뉴얼을 참조해서 정리한 "기후변화에 대처하는 청소년들의 지혜"입니다. 여러분도 아래의 내용들 중에서 가능한 것부터 생활 속에서 하나씩 꾸준히 실천해 볼 것을 제안합니다.

01 햇빛 에너지 마음껏 쓰기

하루 1시간씩 형광등 15개를 끄면 연간 약 74킬로그램의 이산화탄소를 줄일 수 있어요. 낮에는 창가 쪽 조명은 끄고, 최대한 자연광을 이용해 봅시다.

02 내가 쉴 때는 전자 기기도 쉬게 하기

컴퓨터 전원을 끄면 전기 에너지 100와트시(17인치 모니터 60와트시, 본체 40와트시)를 쓰지 않으므로 1시간당 42.4그램의 이산화탄소 발생을 줄일 수 있어요.

....
67. 정미선, 《성미산 학교 에너지 교실》, 북센스, 2014, 25쪽

03 종이는 필요할 때만 쓰고(Reduce),
다시 쓰고(Reuse), 다시 만들기(Recycling)

종이는 꼭 필요할 때만 쓰면서 사용을 조금씩 줄여 봅시다.
한번 쓴 종이는 이면지로 재사용하고, 재질과 색깔 등에 따
라 잘 분류해서 재활용해 보아요. 인쇄용지 1장을 아끼면
1.7그램의 이산화탄소를 줄일 수 있다고 합니다.

04 교복과 교과서 다시 쓰기

교과서의 20퍼센트만 다시 써도 연간 2,200톤의 이산화탄
소를 줄일 수 있다고 합니다. 새 학년에 올라가기 전에 학
교에서 장터를 열어서 교복, 체육복, 교과서, 참고서 등 자
신이 쓰지 않는 물건을 필요한 사람들과 나누는 기회를 마
련해 봅시다.

05 급식은 골고루 맛있게, 잔반통은 필요 없게

해마다 버려지는 음식물 쓰레기를 돈으로 환산하면 무려 15조 원이 넘는다고 해요. 참 엄청난 금액이죠? 음식은 괜히 욕심부리지 말고 먹을 수 있는 만큼만 적당히 덜어서 먹고, 남기지 말도록 합니다.

06 수도꼭지 잠그기

수도꼭지는 너무 세게 틀지 말고 적당한 수압으로 사용해요. 세수할 때는 흐르는 물 말고, 물을 받아서 쓰면 어떨까요? 양치하고 헹굴 때도 컵을 사용해 주세요. 샤워하는 시간을 1분만 줄여도 4.3킬로그램의 이산화탄소를 줄일 수 있다고 합니다.

07 분리수거 잘 하기

플라스틱 1킬로그램을 재활용하면 1킬로그램의 이산화탄소를 줄일 수 있어요. 또 알루미늄캔 1개를 재활용하면 60와트 백열등을 27시간 사용할 수 있는 에너지를 절약할 수 있답니다.

08 같이 공부하면서 에너지는 줄이고 우정은 더하고

냉난방을 할 때는 교실(방)문과 창문을 꼭꼭 닫아서 에너지 효율을 높여요. 에어컨으로 실내 온도를 1도 낮추는 데 7퍼센트의 에너지가 더 든다고 합니다. 형광등 20개를 기준으로 교실 하나의 불을 끄면 약 500와트시의 전기를 절약할 수 있어요.

09 공간을 비울 때는 꼭 뒤돌아 보기

비어 있는 공간에 조명이나 쓰지 않는 전기코드가 혹시 꽂혀 있지 않은지 꼼꼼히 살펴보아요. 이런 사소한 주의를 기울이는 것만으로도 10퍼센트의 대기전력을 잡을 수 있다고 해요.

10 내 컵 쓰기

하루에 종이컵을 5개씩만 사용해도 연간 20킬로그램의 이산화탄소가 더 발생한다고 합니다. 한 번 쓰고 버리는 일회용 컵 대신에 조금 귀찮더라도 개인 컵을 갖고 다니며 사용하는 습관을 길러 봐요.

11 튼튼한 내 다리로 이동하기

일주일에 하루만 승용차를 타지 않아도 445킬로그램의 이산화탄소를 줄일 수 있어요. 걸을 수 있는 길은 걷고, 조금 먼 곳은 자전거나 대중교통을 이용해 보아요.

(12) 제철 음식을 신선한 상태로 먹기

차량과 선박 등으로 식재료를 운송하는 과정에서 이동 거리가 길어질수록 많은 온실가스를 배출합니다. 또 비닐하우스 등에서 재배하는 농산물은 제철에 노지에서 기르는 농산물보다 약 5배의 에너지가 더 필요하다고 합니다. 또 냉장고에 보관된 음식물이 10퍼센트 늘어나면 전기 사용량은 약 3.6퍼센트 늘어난다고 해요.

이상에서 제안한 것 외에도 우리가 기후변화를 막기 위해 생활 속에서 실천해 볼 만한 것들에는 무엇이 있는지 친구들과 함께 생각해 봅시다!

참고자료

보고서

기상청, "제주도 기후변화 상세분석 보고서", 2013.

기상청, "한반도 기후변화 전망분석서", 2018.

기후변화센터, "기후변화와 대응을 위한 특별한 변화", 2019.

관계부처합동, "2018년 이상기후보고서", 2019.

고용노동부, "열사병 예방 3대 기본수칙 이행가이드", 2017.

국립기상과학원, "한반도 100년의 기후변화", 2018.

산업통상자원부, "제3차 에너지기본계획", 2019.

송성환·박혜진·김용렬, "농촌현장 폭염피해 현황과 대응 방안", 한국농촌경제
　연구원, 2018.

이유진, "전환도시 서울과 에너지 자립마을 만들기", 세계와도시 8호, 2015.

IPCC, "'지구 온난화 1.5도 특별보고서'정책결정권자를 위한 요약자료", 2018.

단행본

신영복, 《감옥으로부터의 사색》, 돌베개, 1998.

정미선, 《성미산 학교 에너지 교실》, 북센스, 2014.

롤란트 크나우어·케르스틴 피어링, 《내일 아침 99℃》(강혜경 옮김), 돌베개,

2016.

마크 라이너스, 《6도의 멸종》(이한중 옮김), 세종서적, 2014.

스티븐 리츠, 《식물의 힘》(오숙은 옮김), 여문책, 2017.

에릭 클라이넨버그, 《폭염사회》(홍경탁 옮김), 글항아리, 2018.

토드 파, 《내가 지구를 사랑하는 방법》(장미정 옮김), 고래이야기, 2018.

J.K. 깁슨 그레이엄·제니 캐머런·스티븐 힐 리, 《타자를 위한 경제는 있다》(황
　　성원 옮김), 동녘, 2014.

논문

이윤호·김연수, "날씨 및 요일특성과 범죄발생의 관계분석", 한국범죄심리연
　　구, 6(1): 207-238, 2010.

뉴스 및 보도자료

그린피스, 〈지금은 재생가능에너지 시대(국가/지자체편)〉, 2017.9.14.

그린피스, 〈파리협정이 우리 삶에 미칠 긍정적 변화〉, 2016.11.4.

그린피스, 〈위기에 빠진 북극곰 살리기, 지구 온난화의 원인과 해결방안〉,
　　2017.12.29.

기상청 보도자료, 〈2017년 전 세계 이산화탄소 농도 사상 최고 기록〉, 2018.

11.23.

《국민일보》, 〈남직원입니다. 반바지 입고 출근해도 되나요?〉, 2018.8.5.

《경향신문》, 〈[더위가 재난인 사람들](2)두 평 방안에 선풍기 한 대…찜통 쪽방촌의 여름나기〉, 2018.7.25.

기상청, 〈여름철 무더위 대비를 위한 '폭염특보제'시행〉, 2008.5.30.

《노컷뉴스》, 〈쪽방촌 주민 "무더위쉼터? 화장실도 겨우 기어갑니다"〉, 2017.8.3.

녹색연합, 〈더위도 줄이고 전기도 줄이는 3가지 방법〉, 2018.7.25.

《더나은미래》, 〈국경·인종 초월한 26억 Z세대… 모두의 미래 위해 '범지구적 연대'를 외치다〉, 2019.3.26.

《더사이언스타임즈》, 〈잠 못 이루는 '열대야'…숙면 취하려면?〉, 2007.8.1.

《리얼투데이》, 〈기록적 폭염, 숲과 물이 있는 친자연적 아파트가 '보배'〉, 2018.8.16.

《매일경제》, 〈[최악폭염] 해수욕장 한산 천연동굴 북적…바뀐 피서 풍속도〉, 2018.8.2.

《매일경제》, 〈111년만의 폭염에 작년 4분기 韓밥상물가 상승률 OECD 2위〉, 2019.2.23.

《머니투데이》, 〈'성대골마을'에너지 자립마을의 지속가능성을 열다〉,

2018.10.08.

보건복지부, 〈질병관리본부, 「온열질환 응급실감시체계」 가동!〉, 2019.5.16.

《연합뉴스》, 〈2018폭염보고서 2- 사망자 사상최다… 축사·양식장 초토화〉,
 2018.8.19.

《일요시사》, 〈'폭염이 부른'짜증범죄 백태〉, 2018.7.24.

자유아시아방송, 〈폭염 속 남성의 반바지 출근, 양산 쓰기 논쟁〉, 2018.8.8.

《중앙일보》, 〈폭염 지나니 생소한 외래해충 기승〉, 2018.8.27.

《한겨레》, 〈탈원전 시대, 공동체 에너지 활성화가 답이다〉, 2017.7.13.

《한겨레》, 〈폭염 속 현장노동자 '1시간에 15분 휴식'지키고 있나요?〉,
 2018.7.18.

《한겨레》, 〈[조한혜정 칼럼] 미래 세대를 위한 시간〉, 2018.4.17.

《한국아파트신문》, 〈폭염 취약계층 위해 영구임대주택에 에어컨 설치〉,
 2019.4.24.

《한국일보》, 〈환경도 살리고 수익도 짭짤… 태양광 발전 협동조합 뜬다〉,
 2019.06.19.

《한국경제》, 〈지구 온난화의 습격… "2003년 유럽 폭염으로 최대 7만 명 사
 망"〉, 2017.6.23.

행정안전부, 〈행안부, 폭염피해 예방을 위한 대책 강화〉, 2018.7.24. 보도자료.

《BBC코리아》, 〈폭염: 폭염에 범죄율이 느는 이유〉, 2018.7.19.

《cpbc뉴스》, 〈[인터뷰] 김소영 "에너지슈퍼마켓, LED 전구가 가장 인기"〉,
  2019.5.23.

KBS, 〈폭염 사망자 통계는 '반쪽짜리'…"실제는 3배 이상"〉, 2018.9.12.

MBC, 〈롯데월드, 인형탈 아르바이트생 의식 잃자 '쉬쉬'〉, 2018.8.13.

YTN, 〈기록적인 폭염에 발길 끊긴 전통시장…상인들 한숨만〉, 2018.8.2.

YTN, 〈고온·가뭄에 해충까지 비상!〉, 2018.8.9.

청소년기후소송단, 〈524청소년기후행동: 기후악당국가탈출을 위한 교육개혁〉,
  2019.5.24.

기타 사이트

기상자료개방포털 https://data.kma.go.kr

기상청 날씨누리 https://web.kma.go.kr

기후변화센터 http://www.climatechangecenter.kr

농사로 http://www.nongsaro.go.kr

청소년기후소송단 http://climateaction.kr

한전 https://cyber.kepco.co.kr